先学说话，再带团队

39招破解沟通难题

[日] 吉田幸弘 —— 著　叶瑜 —— 译

どう伝えればわかってもらえるのか？
部下に届く　言葉がけの正解

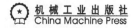

图书在版编目（CIP）数据

先学说话，再带团队：39招破解沟通难题／（日）吉田幸弘著；叶瑜译．－－北京：机械工业出版社，2021.7（2023.12重印）
ISBN 978-7-111-68741-2

I. ①先… II. ①吉… ②叶… III. ①领导人员－语言艺术 IV. ①C933.2

中国版本图书馆CIP数据核字（2021）第146178号

北京市版权局著作权合同登记　图字：01-2021-1764号。

DO TSUTAEREBA WAKATTEMORAERU NO KA? BUKA NI TODOKU KOTOBAGAKE NO SEIKAI
by Yukihiro Yoshida
Copyright © 2020 Yukihiro Yoshida
Simplified Chinese Translation Copyright © 2021 by China Machine Press.
All rights reserved.
Original Japanese language edition published by Diamond, Inc.
Simplified Chinese translation rights arranged with Diamond, Inc. through BARDON CHINESE CREATIVE AGENCY LIMITED. This edition is authorized for sale in the Chinese mainland (excluding Hong Kong SAR, Macao SAR and Taiwan).
No part of this book may be reproduced or transmitted in any form or by any means, electronic or mechanical, including photocopying, recording or any information storage and retrieval system, without permission, in writing, from the publisher.

本书中文简体字版由Diamond, Inc.通过BARDON CHINESE CREATIVE AGENCY LIMITED授权机械工业出版社在中国大陆地区（不包括香港、澳门特别行政区及台湾地区）销售。未经出版者书面许可，不得以任何方式抄袭、复制或节录本书中的任何部分。

先学说话，再带团队：39招破解沟通难题

出版发行：机械工业出版社（北京市西城区百万庄大街22号　邮政编码：100037）
责任编辑：杨振英
责任校对：殷　虹
印　　刷：固安县铭成印刷有限公司
版　　次：2023年12月第1版第5次印刷
开　　本：147mm×210mm　1/32
印　　张：7.125
书　　号：ISBN 978-7-111-68741-2
定　　价：49.00元

客服电话：（010）88361066　68326294

版权所有·侵权必究
封底无防伪标均为盗版

前　言

好领导总能说出对的话

明明对下属说过"你需要有更强的意识",下属却迟迟没有改变。

明明告诉过下属"你只要为团队付出,自然会得到更好的评价",下属还是只顾自己。

本来想给下属提建议,结果**说着说着,却偏离了本意**。

"不管讲多少次,下属依然故我。"

"我说东,下属却往西,真令人头疼。"你是否也有过类似的体验?

"以为自己已经讲清楚了,可下属并没有听进去。"这种沟通上的问题每天都在发生。

我每年举办超过 100 场针对企业经营者、管理者的培训、演讲,内容包括人才培养、团队建设,服务对象覆盖大企业、商业机构乃至政府机构,参加者逾 3 万人。

在举办研修班或进行咨询服务的过程中，我亲眼看见不少管理者为"面对下属如何把话讲好"而感到苦恼。

语言既可以是武器，也可以是凶器。

恰当的话语能够提高下属的积极性，使他们快速成长。

相反，管理者不恰当的发言会导致其与下属之间的信任关系遭到破坏，类似的事例可谓数不胜数。

再者，随着新冠肺炎疫情的扩散，领导者的发言成了全世界的焦点。

有的领导者讲话条理分明，令人心服口服；有的领导者含糊其词，不知所云。因此，越来越多的人意识到"讲话"的重要性。

这些场景表明，**只有会说话、能够打动人心的领导者，才能赢得下属的追随。**

讲话水平的差距体现了领导者的实力之差，这么说也不为过。因此，领导者必须锤炼自身的语言。

不过，语言尽管重要，却不是讲了就足够了的。

即使同样的内容，也需要根据接受方的实际情况，使用不同的话语、不同的方式进行表达。

在管理者看来，经常出现以下类似的"错位"：

"我明明是为下属好，下属却觉得我的话很刺耳。"

"我只是循例提醒一下，下属却觉得遭到了严厉批评。"

管理者在说话前，有必要从客观的视角模拟一下，看看自己的话会给他人带来什么样的影响。

管理者也在为环境的变化而感到苦恼

在瞬息万变的环境中，商业模式的生命周期变得越来越短，人们对成果的追求也越来越求"短平快"。

过去，新员工进入企业后，就算在一段时间内没办法成为战斗力，企业从长远考虑，也不会过于苛责，这是当时的风气。但是，如今的企业已经失去了这种从容。

这是一个事事讲效率、讲结果的时代。这是一个追求"短平快"的时代。

再者，对劳动方式改革的提倡，也要求人们在较短时间内完成工作。于是相应地，人们在单位时间内的工作量不减反增。倘若管理者紧抓一线工作不放，不将工作授权给下属，不仅自己的时间会变得越来越少，承担的责任也会越来越重。

还有困扰管理者的"职权骚扰"问题。人们经常在新闻报道中对"某某骚扰"之类的说法有所耳闻。

过去认为对的行为，现在却行不通了。什么可以做，什么不可以做，标准也越来越模糊。因此，管理者有必要更多为下属考虑。

在这样的环境下，管理者在对下属讲话时，用什么样的话语，才能让下属明白，并且采取恰如其分的行动，成了一个难之又难的问题。

管理者的一句话往往能成为下属成长的催化剂

我平日一直强调，只要管理者幸福，组织中的成员就会幸福。

管理者的工作很辛苦，责任也越来越大。

但从另一个角度看，管理者担负着让整个组织运转的职责，是一份极具价值的工作。

请务必用你的话语栽培下属，给下属、团队带来幸福。

比起锻炼商业技能，搭建运作机制架构，**管理者的一句话往往更能给下属支持，带来勇气与干劲，成为一剂"催化剂"，推动下属成长。**

优秀的管理者麾下必定有优秀的下属。

还有,本书的 39 个"管理者的烦恼",是我从企业实际案例中精心挑选的。

第 1 章针对"做事缓慢"的下属,第 2 章针对"出错多"的下属,第 3 章针对"妨碍工作进度"的下属,各章围绕一个主题,讲述了改善的方式、方法。

这几章阐述的"做事缓慢""出错多""妨碍工作进度",是让大多数管理者头疼的 3 个问题。可以说,只要这 3 个问题得到解决,管理者在管理下属过程中的苦恼几乎都能得到消除。

第 4 章、第 5 章介绍的是如何应对"令人提心吊胆"及"对休假有顾虑"的下属。这些问题都来自近年来我和管理者经常谈及的话题。

想了解大致内容的读者请先浏览目录。我在目录中将"管理者的烦恼"与"解决方法"一一对应,进行列举。

当你看到某些内容时,或许会产生"真的有这种事吗""我们公司可不会出现这么低级的问题"之类的想法。不过,它们全是企业管理者在实际工作中遇到的问题,为了保护这些企业,我对案例做了部分调整。

本书建议使用的话语，有助于管理者听取下属的心里话，从而给下属提供支持。这些都是我平时在教学中传授的话语。如果各位管理者能将这些话语当作武器，活学活用，我将感到十分荣幸。

目 录

前言

· 第1章 ·
对做事缓慢的下属可以这么讲

01 不留下属加班,让他按时回家,结果工作没完成,没办法从根本上解决问题 ... 4
关键在于让下属在次日追上落下的工作

02 对工作安排有问题、经常"临时抱佛脚"的下属,有没有办法改变他们的工作方式 ... 10
以"成果"和"可实现度"为标准,不耽误要事

03 有没有办法让追求工作品质的下属既保持积极性,又提高效率 ... 16
帮助下属分清不必要的工作,减少思考时间,设定截止期限

04 | 要是下属早点汇报就好了   22
为了减少重复作业或返工，创造让下属积极汇报的环境

05 | 有的下属事无巨细都来请示，很令人操心。我希望他能独立工作   27
培养下属的判断力，促其独立思考，主动行动

06 | 希望那些嘴上连连答应，却迟迟不行动的下属转变思想   31
不企图让下属通过转变思想而行动，而是通过行动转变思想

07 | 我应该拿工作勤恳却给不出结果的下属怎么办   36
满足下属的自我能力认同感，促其改变

08 | 为喜欢拖延、缺乏常识的下属而感到苦恼   41
有效的办法是不告诉下属"什么时候完成"，而是问他"什么时候开始"

09 | 下属经常以"没时间"为借口，不肯服从   45
设置"什么都不做"的时间，下属的工作方式就会发生变化

· 第 2 章 ·
对出错多的下属可以这么讲

10 对重复犯错的下属，怎么沟通才能让他改变 　　52
改变问话方式，以"是不是领导的安排出了问题"为前提假设进行沟通

11 以为下属工作量大而做出调整，但对方依然频频出错 　　57
在得出下属工作"超负荷"的结论之前，请先检视其工作方式是否有问题

12 下属时常出现轻微错误，怎么才能防止这些错误演变成"致命伤" 　　62
要想减少轻微错误，最好的方式就是沟通交流

13 团队的目标是"零投诉"，下属却出了不得了的错误 　　67
把消灭投诉当作目标，会使团队滋生瞒报行为，"零投诉"会走向变质

14 怎么才能让维持现状、缺乏上进心的下属行动起来 　　72
告诉下属："不挑战就得不到好的评估结果"

| **15** | 下属的心渐行渐远，我到底哪里做得不对 | 78 |

在需要对客户赔礼道歉时，比起担心客户，应该先关心下属

| **16** | 没做出成绩的管理者是否有资格批评下属 | 83 |

再次明确普通员工与管理者的工作职责

·第3章·
对妨碍工作进度的下属可以这么讲

| **17** | 下属说"没问题"，结果根本不是那么回事。当下属不说实情时，我该怎么办 | 92 |

用心听取下属的心里话，提高下属内在安全感

| **18** | 我真心诚意地对下属说"相信你，才把任务交给你做"，对方却害怕承担风险，拒绝接受 | 97 |

要想改变下属对工作的态度，只需要减少他心中的担忧

| **19** | 下属的工作表现不好，我想让他转做别的工作，他会不会辞职 | 101 |

发现并发挥下属的优点，如实告知下属现状及其问题

20	我和下属关系不好，安排起工作来很困难	105
	在分派工作时，用"商量"替代"命令"	
21	面对内心脆弱、情绪低落的下属，不知该怎么交流	109
	采用"坚持""改进""挑战"之类的话语，即时提振下属的精神	
22	我与下属沟通的频次不均衡，担心沟通较少的下属会有想法	115
	对沟通较少的下属需要刻意勤问候	
23	年长下属老挑我的"刺"，让我觉得很为难	121
	依靠年长下属，让他们再次发挥强大的战斗力	
24	不肯听别人意见的下属让我感到左右为难	127
	指出目标方向，鼓励下属找出答案	
25	下属不经上司批准擅自行动，结果失败了，我应该生气吗	131
	通过表达"遗憾"和"难过"，让下属意识到自身的错误	
26	怎样才能使下属更积极主动	136
	从"控制型领导"转变为"支持型领导"	

| 27 | 下属对工作不情不愿，工作表现一直无法改善 | 141 |

让下属自愿工作的 3 个要点

· 第 4 章 ·
对令人提心吊胆的下属可以这么讲

| 28 | 下属在社交软件上的言论很可能给公司带来不良影响 | 148 |

下属在社交软件上的负面言论开始引发关注是一个危险信号

| 29 | 我告诉下属需要改进的地方，对方嘴上说"知道了"，其实并没有听进去 | 156 |

对害怕被否定的下属提建议时，需要同时加以表扬

| 30 | 希望轻言放弃的下属能坚持到底 | 160 |

设定只要努力就能达成的目标，下属就能坚持到底

| 31 | 对抗压能力较弱、一失败就请假的下属，我该怎么办 | 165 |

对动不动就请假的下属，需要纠正其"放大失败"的思维方式

| 32 | 怎么才能让下属多考虑团队，少考虑自己 | 170 |

帮助下属换位思考

33 | 对于不懂拒绝的下属，怎么才能让他从"不敢拒绝"中解放出来　174
不要求工作超负荷的下属"鼓起勇气"，而是教他拒绝的方法

34 | 怎样让不常发表意见的下属在会议中积极发言　179
对敏感的下属，不要求其发表正确的意见

35 | 如何培养下一任管理者　183
培养人才的关键在于将指导权交给下属

· 第 5 章 ·
对"对休假有顾虑"的下属可以这么讲

36 | 对短时工作制的下属，我应该如何安排工作　190
只要下属生产效率提高，管理者就不必有顾虑

37 | 在女下属休产假前，我应该做些什么　195
当女下属汇报怀孕消息时，不要立刻申明制度

38 | 在男下属休产假前，我应该做些什么　199
当男下属申请休产假时，应先询问对方担心的事

| 39 | 在下属休长假前，我应该做些什么 | 203 |

休假是梳理工作的良机，应当将下属休假视为改善业务的机会

结束语	207
作者简介	210
参考文献	212

第 ① 章

01

对做事缓慢的下属可以这么讲

01

不留下属加班，让他按时回家，结果工作没完成，没办法从根本上解决问题

关键在于让下属在次日追上落下的工作

 将工作分段，让下属下班

 为剩下的工作设立处理标准，让下属下班

2019年4月日本开始实施《劳动方式改革相关法案》，规定了大企业员工的加班时间有"附带惩罚的上限"。该规定从2020年4月起在日本中小企业施行。

为防止劳动者出现"过劳死"之类的问题，国家设立了加班时间上限，规定企业员工一个月的加班时间不得超过45小时，一年不得超

过 360 小时；即使在业务繁忙的时期，员工一个月的加班时间也不得超过 100 小时，一年累计不得超过 720 小时（适用于繁忙期条款的时间一年不得超过 6 个月）。假如超过上限，企业将面临刑事处罚。

在该规定施行前，有的企业已然开始提倡员工按时下班。因为过度加班往往会给员工次日的工作表现带来不良影响。

下属 C 临到下班仍然没有完成工作，主管 A 好心地对他说：<u>"今天就干到这里吧，你可以明天再做。"</u>（×）

现在提倡按时下班，管理者不能强行要求员工加班。

但是，不少管理者虽然嘴上说"早点回家吧"，心里却在"做出成果"和"让员工按时下班"之间踌躇。

怎样讲话才能让下属在次日追回落下的工作，使工作进度恢复正常？

思维模式从"到此为止"转为"从现在开始"

我介绍一下芝加哥大学心理学家明约翰·库和阿尔雷多·菲休巴克的研究成果。

他们将即将参加重要考试的大学生分为两组,告诉1组"还有52%的考试内容需要记",告诉2组"你们已经记住了48%的考试内容"。

结果,1组的积极性远远高于2组。

在"到此为止"的思维模式中,人们关注的焦点落在"完成了多少"上,实验表明,2组的实验者关注的是"已经记住了48%"。

而另一边,"从现在开始"的思维模式关注的焦点是"还有多少需要完成"。

实验表明,"从现在开始"的思维模式使人关注未来,工作表现明显更佳。相反,"到此为止"的思维模式容易令人变得散漫。

在前面的案例中,主管A告诉下属C"今天就干到这里吧,你可以明天再做",本意是想让下属早点回家,却令下属陷入"到此为止"的思维模式当中。因此，C在脑中收到的是"今天的工作做到这里就没问题了"。

次日，C虽然继续做昨天的工作，可问题在于他不会做出任何改变。他既不会设法加快工作节奏，也不会琢磨自己的做事方法，工作表现必然不佳。正是A说的话让C陷入"到此为止"的思维模式当中，使C产生"维持现状也没关系"的错觉。

因此，要想改善下属次日的工作表现，管理者必须将其视角引导至"从现在开始"的思维上来，可以在临下班时对下属说**"今天干到这里，在下班前用5分钟一起思考一下明天怎么安排吧"（〇）**，利用这5分钟时间请下属对工作做出反思。

"按照当下的状态做到这里，还剩下这么多工作，明天怎么追回落下的进度呢？" 用这种方式，管理者可以启发下属采用"从现在开始"的思维思考。

此外，假如管理者在下属的既有工作中发现可取的工作方法，不妨告诉下属"从明天起用这个办法干"。

次日下属将基于前一天与上司沟通的改进方式处理剩下的工作，工作表现自然就会改善。

在一天工作结束之前让下属进行反思

在一天工作结束之际，让下属对自己的工作进行反思，思考第二天"如何改善"，能获得明显的效果。不论工作进度是否落后，从利于开展次日工作的角度来看，"从现在开始"的思维模式也颇具成效。

采用这种方式，能够有效地将下属次日早上迟迟无法启动"发动机"及进入工作状态而导致的时间损耗压缩到最小限度，促使下属保持与前一天工作结束时相同的状态。

在进一步增强对加班的限制的今天，具备"从现在开始"的意识，审视一天的收获，将从中学到的东西灵活运用于次日的工作，这种做法将会直接带来下属的成长。

不过，在此需要注意的是，不要让下属花太多工夫在汇报上。反思工作的时间必须控制在 5 分钟内，否则下属难以坚持。

反思的重点集中在两个方面：一是对当天工作进行反省，寻找启发，如"今天时间没控制好的主要原因是什么""今天有哪些事所用的时间超出了计划"；二是思考第二天如何利用好所总结的经验，如"明天开始希望用什么方式工作""明天开始在哪些方面进行改进"。

通过类似的自问自答，下属会逐渐养成时间管理意识与时刻思考、改进的习惯。偶尔管理者也可以按照上面的方式向下属提问。

采用这种方式，下属次日的工作可以无缝开展，速度也会大为提升，最后逐渐做到无须加班也能完成更多的工作量。

·················· 重 点 ··················

让下属在一天工作结束之前，思考"次日如何开展工作"，以便其工作方法逐渐发生变化。

02

对工作安排有问题、经常"临时抱佛脚"的下属，有没有办法改变他们的工作方式

以"成果"和"可实现度"为标准，不耽误要事

随着人均工作量增加，加上劳动方式改革的影响，人们必须在较短时间内取得工作成果。然而，尽管人均工作量持续增加，但能用于工作的时间变得更少了。因此，自然需要将时间用在"刀刃"上。

当然，提升每项工作的效率也很必要。但是，要想在工作时间内妥善处理所有工作，是很困难的。

关键在于"对工作进行优先排序"。

一般人们都倾向于优先处理靠近截止日期的工作。但是,采用这种方式,人总是被眼前的工作牵着跑。有些工作尽管没有明确的截止期限,却与工作成果息息相关(如为下年度的大客户竞标提案做准备,修改官网页面等)。然而,这些工作需要大段时间,却迟迟得不到推进。

一切的起因都在于不懂得对工作进行优先排序的方法。

下属很难判断工作的重要程度

人们在对工作进行优先排序时,经常采用的是《高效能人士的七个习惯》(史蒂芬·柯维著)中的方法,即将"重要"与"紧急"两个维度作为坐标轴,将工作分为以下4个象限。

(1) 重要且紧急。
(2) 重要但不紧急。

（3）不重要但紧急。

（4）不重要也不紧急。

首先，要重视重要程度，按照工作的重要程度进行优先排序。因此，"重要且紧急"的工作是最重要的。

其次，最容易被拖延的是"重要但不紧急"的工作。随着时间流逝，这些工作会逐渐演变为"重要且紧急"的工作，所以应当优先处理。

例如，假设明年的产品线规划必须在今年11月底完成，在7月时，该工作或许还属于第二象限（"重要但不紧急"），但到9月时，就会进入第一象限，成为"重要且紧急"的工作。

管理者多会吩咐下属"分清什么是重要的工作""不要被紧急的工作牵着鼻子走""需要在工作中给自己留有余地"（✗）。

然而，下属难以像管理者以为的一样准确判断工作的优先次序。在管理者看来重要的工作往往会被延后，这种情况不在少数。

这是管理者和下属对工作的认识不同所致。对工作及其重要程度的理解是因人而异的。下属很容易错判重要程度的高低，因此出现管理者眼中"重要且紧急"的工作被延后的问题。

了解工作的优先次序

我建议将"成果"和"可实现度"两个维度作为基准对工作进行划分，它们将工作分为4个象限。各位可以参照下面的顺序，安排工作的优先次序。

（1）成果大，可实现度高。

（2）成果大，可实现度低。

（3）成果小，可实现度高。

（4）成果小，可实现度低。

首先，按照成果大小决定工作的优先次序。

也就是说，假如同时有两项工作，一项能产出100万日元的销售额，一项能产出2000万日元的销售额，那么后者比较重要。

只要管理者在明确判断基准的前提下，告诉下属**"用数字进行判断，重点要看该工作能否产生销售业绩或降低成本"（〇）**，即便不参照这4个象限，下属也能清楚地知道优先从事哪项工作。

同时，不要忘记"可实现度"。对于那些时间紧迫、人手无法保证的工作，需要判断是延后处理还是撤出。

这样下去，不久下属对工作优先度的把握就能得到提高。

假如管理者一味吩咐下属做这做那，下属会变成只懂得按吩咐做事的人。因此，在一定程度上**让下属拥有思考空间十分重要**。

明确成果和可实现度后，"重要且紧急"的工作就不会被拖延，并得到有效的推进。

同时，下属拖延重要工作，忙于从事投入产出比低的工作的情况也会消失。

再者，下属通过准确安排工作的优先次序，优先处理那些不紧急但重要程度高的工作，从而做出佳绩。

·········· 重 点 ··········

对于哪项工作是重要的,管理者与下属的观点未必一致。因此,应促成下属从"成果"及"可实现度"两个维度去思考工作。

03

有没有办法让追求工作品质的下属既保持积极性,又提高效率

帮助下属分清不必要的工作,减少思考时间,设定截止期限

加班的确有弊害。努力工作是好事,但加班造成的疲惫有可能导致次日工作品质的下降。因此,应尽量鼓励下属在上班时间内完成工作。

一家人力服务公司的企划部主管A为经常加班到深夜的下属C而感到苦恼。他希望C能"更快完成工作,消灭加班"。

C是一位工作勤恳、认真的员工，他不会动不动就找上司说"不知道怎么办"，而是喜欢自行思考解决问题。

不依赖上司，喜欢独立思考，自主工作，这其实是责任感出色的表现。

前些日子，C被安排写策划方案，虽然按时完成了工作，前一天却加班到深夜。

C在工作品质方面虽然没问题，但主管A希望他能快一点完成工作，于是跟他谈了一次话，了解他在写策划方案时"哪里花的时间最多"。

结果才知道C将时间都用在了思索口号上。为了想出精彩的口号，C花了半天在网上寻找灵感。

正因为下属这么认真，所以自己必须为他做些什么。A的这一想法变得更强烈了。

A首先想到的是"C的工作量是否太多了"，但其实C的工作量并不多，只是C过于细致执着，导致耗费了大量时间。

对C这种一丝不苟的完美主义者，管理者应该如何指导？

此时绝对不能对下属说："**加快工作速度。**"（Ｘ）

这种含混不清的说法是不奏效的，管理者应注意从以下几个角度与下属沟通。

分清哪些是不必要的工作

完美主义的下属通常会执着于工作中不必要的部分。

例如，对于公司内部会议资料过分在意排版设计，搜集高层领导并不需要的数据等。

这些工作不是必要的。管理者必须使下属意识到什么工作没必要做，并及时去掉这些工作。

管理者应当观察下属，一旦发现对方在做不必要的工作，就可以告诉对方哪个部分是"重要的"，哪个部分"没有必要"。

限制时间

撰写类似策划方案或会议资料时，从操作上可分为两个阶段：一是构思整体结构和思路的"思考阶段"，二是实际在电脑上制作的"作业阶段"。

作业阶段的时间可以通过分辨出不必要的工作得到一定程度的缩减。

然而，这样追求作业效率，尽管能在一定程度上缩减工作时间，但一旦过度"求快"，就很可能出错。

例如，下属很难为了追求效率，将原本需要1小时的作业减少到30分钟。

因此，重点在于缩减"思考时间"。

思考固然重要，可是**缩减思考时间也可以做出高品质的工作。**

据英国历史学家、社会生态学家、经济学家西里尔·诺斯古德·帕金森提出的"帕金森定律"，工作量会随着时间的拖长越来越大，直至填满该项工作结束前的所有时间。

如果不限制时间，下属就会用掉所有工作时间，直至截止的最后一刻。

因此，需要限制下属"思考"的时间。

用这种方式让下属设法在规定时间内解决问题，尽快开始作业。

工作不求"加快"速度，而求"尽快"开始。（〇）

就C的例子而言，主管A可以建议他"规定思考时间，尽快开始作业"。

为思考阶段设立时间期限，C的工作情况将会大为改观。

后来，C列出自己工作中不必要的部分，并进行削减，结果加班时间减少了，工作品质也没有下降。

管理者只需要建议"尽快开始作业"，下属的工作效率就会发生巨大变化。这种方式并没有否定完美主义，因此下属也能欣然接受，做出改变。

"求快"，再快也有限度，而且容易出错，但是，"求早"就不会出现工作品质下降的问题。管理者无须向下属强调"加快作业速度",而应该敦促下属"尽快开始作业"。

······重 点······

> 给"思考阶段"加上一个截止期限,能起到压缩工作时间的效果。

04 要是下属早点汇报就好了

为了减少重复作业或返工，创造让下属积极汇报的环境

"我安排下属制作新产品说明会的介绍资料。虽然他在截止日期的前一天提交了，但与我想要的东西差距太大，我不得不通宵修改。"

"我委托下属撰写要在董事会上发表的新项目方案，虽然他提前 3 天交上来了，但内容太过粗糙，我只好亲自动手修改。"

我见过不少管理者为类似的状况而感到苦

恼。他们觉得与其如此，还不如一开始就自己做。但是，**"将工作交给下属"是培养人才必不可少的举措。**

其实，不管出现什么情况，只要不是临到截止时间才发现，而是提早确认，管理者就不会大吃苦头。

明确汇报的目的是什么

A 在一家全国性教育机构的广报部担任主管。每当给下属安排没有明确截止日期的工作或全新的工作时，他都会事先定好完成期限。不过，他希望尽可能培养下属的自主性，因此将工作全部交给下属决定，包括中途向管理者汇报的时间。

但是，临近截止日期时，A 常看见下属手忙脚乱，于是告诉下属<u>"希望你早点汇报工作"</u>（Ｘ）。

修改需要时间，因此管理者的心一直悬着，希望下属提早汇报。

虽然也有疏于汇报的人，但下属之所以中途不来汇报，大多是因为没有理解上司的真正用意。

中途汇报本就不是为了让管理者安心而存在的。**它的目的是让管理者接到下属汇报后，能及时对计划做出必要的调整。同时，这也是为了表达管理者"不当'甩手掌柜'，与下属在一起"的态度。**

在本案例中，问题出在下属并不明白"汇报的目的是什么"。

由于汇报延迟而临到截止时才发现工作方向出现偏差，管理者及下属将需要更多时间来纠偏或返工，还有可能像本节开头描述的一般通宵作业，搞不好还赶不上截止期限。

所以，**当管理者把工作交给下属时，需要规定中途汇报的时间。**

最好的办法是明确汇报的时间节点，如"做到某个阶段"或"在几日几点确认一下"。

用这个方法能促使下属及时汇报。但是，仅凭这个做法，下属还是不理解"汇报的目的是什么"，大多数还会交出与管理者的想象有差距的结果。

将返工或作业时间的预估误差减至最小

而另一位主管 B 的团队成员总是能通过及时汇报，交出接近上司想象的结果。

B 在下属进行中途汇报前，还规定了另一个时间。

B 在安排工作时对下属说："**在下次汇报时需要返工，对你我都是浪费时间。所以，让我们在工作开始之前先确认一下，防止理解有误。1 小时后请你将粗略的思路、草案以及大致工作日程拿出来。**"（〇）

B 做出指示后，立刻定好再次确认完整思路及所有工序时间表的汇报时间。

通过 1 小时后的确认，返工或作业时间的估计误差将被减至最小。此外，管理者还能明确下属是否有误解之处，判定下属在哪道工序可能遇到困难或耗费工夫，以便对症下药。

在主管 A 的团队中，中途汇报者常会遭到否定，因此下属不做到一定程度不会前来汇报。结果，做出来的东西与管理者的意图大相径庭，白白在修改上浪费了不少时间。

主管 B 的团队从一开始就能发现下属的思考方向与管理者之间的偏差,因此能及时纠偏,在中途汇报时,下属既不会出现"被否定"的情况,也不会浪费时间。

"中途汇报"这个词或许给人一种刻板的感觉。其实,**如果能从支持下属独立思考的角度与下属分享中途汇报的意义,下属就会乐于尽早汇报。**

.... 重 点 ....

注意,不要将汇报变成"否定下属"的场合。切实告知下属汇报的目的,避免浪费时间。

05

有的下属事无巨细都来请示，很令人操心。我希望他能独立工作

培养下属的判断力，促其独立思考，主动行动

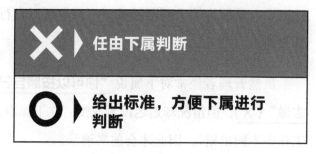

有些下属在接受任务后，一而再，再而三前来请示。

有问题就问，这是很好的现象，但是，过多的请示会占用管理者过多时间。

在工作中又发现与之前不同的新问题，在这种时候，下属前来请教、请示，固然比事后返工或修改强，但对于那些事无巨细都请示的

下属，如果管理者总是好心地一一回答，他们是不可能成长起来的。

与本章"以'成果'与'可实现度'为标准，不耽误要事"一节中提到的问题相似，下属之所以事无巨细地请示，是因为缺乏判断基准，不知道可以自行决策到什么地步。

虽然管理者经常对下属说**"你可以按照自己的判断去做"（×）**，但情况却迟迟没有改变。在下属看来，"在工作中不能出错"，因此才会前来请示。

因此，下属事无巨细地请示的原因其实出在管理者身上。若想下属独立思考，管理者需要注意下面几个重点。

明确判断基准

"除了某事，你都可以自行思考。"（○）管理者可以明确判断的基准。

其实，下属之所以频繁请示，是因为不清楚自己可以判断的事务的范围及权限。因此，明确授权范围是非常重要的。

同时，管理者还需要预判下属可能判断不了的部分，事先提示下属，例如，假如遇到某某情况应该如何解决。

将问题抛回给下属

当下属前来请示"我该怎么办"时，尽量不立刻给出答案。管理者可以试着反问：**"你觉得应该怎么办？"（〇）**当然，下属正因为不知道怎么办才来请示，这么问**重点在于鼓励下属表达自己的意见，即使错了也没关系。**

使下属养成尽可能独立思考、主动表达意见的习惯，在这个基础上，如果下属在方向上出现偏差，管理者再纠正即可。

不过，这里有一个关键点，就是即使下属提出与自己不同的见解，管理者也**不应立即否定**，而是先用**"原来你是这么想的啊""这也是个思路"**之类的话肯定对方。

然后，再说出自己的想法："如果是我，我会这么做……"

不责备

不论授权再明确，指示再清晰，管理者也会直到落实计划时才对一些必要的东西有所察觉，因此无法事前完整把握所有工作程序。

管理者不可能对所有新情况了如指掌，只能依靠下属自行判断、解决。

这时候，对下属自行思考、主动解决的行为，管理者不能苛责，而是给下属反馈："下次你可以试着这么判断。"

只要有意识地按照上述要点接触下属，下属就能独立判断、行动。培养下属的判断力，不仅能促使下属更快成长，还能解放管理者的时间。

···················· 重点 ····················

给下属提供判断基准，促其独立思考。即使下属判断失误，也不立刻否定，更不责备下属独立判断所产生的行为。

06

希望那些嘴上连连答应,却迟迟不行动的下属转变思想

不企图让下属通过转变思想而行动,而是通过行动转变思想

一位在一家大型人寿保险公司的管理者在培训结束后前来咨询。

他身边的一位下属经常把"开拓新客户"挂在嘴边,却迟迟不见行动。尽管他平时时常提醒那位下属"加强拓展业务的意识",对方却没有行动,因此他前来咨询,如何才能让下属转变思想。

遗憾的是,从这一步起,他已经走错了。

"若想取得成果,必须改变行为,所以需要改变下属的思想。"不少管理者持这个观点。

面对工作表现不佳的下属,多数管理者都希望下属**"拥有更好的意识"(X)**,因此企图扭转下属的思想,但几乎全部铩羽而归。

其实,一个人想改变自己的思想尚且非常困难,更何况是别人呢。

就连金牌销售的思想都不可靠

过去,我曾经问过3位阅历深厚、业绩优秀而且稳定,从进公司的第一年开始连续7年年收入超过1000万日元的金牌销售。

"坦率地说,你是否有过积极性降低的时候?"

三人都回答"有"。

我再问:"你觉得开拓新客户麻烦吗?"

三人都苦笑着回答"是啊",尤其是遇到不开心的事的时候。

"今天下大雨,在上班路上被淋湿了""在上班路上被边走边打电话的人撞到""应酬客户直到深夜,导致睡眠不足",诸如此类,据说即使是金牌销售,平时这种烦人的事也不少。

即便如此,也需要先找一件事做起来。

只要这么做,**自然就能进入"工作模式"**。

精神病学家埃米尔·克雷佩林说过,一个人即使没有行动意愿,一旦开始做一件事,脑中的伏隔核就会开始兴奋,使人逐渐沉醉其中,产生做事的兴趣,这叫作**"工作刺激"**。

人类的身体与心灵就像机器一样,只要启动发动机,就会自动运转。**一个人只要开始做事,即使原本不想做,也能坚持下去**。

因此,金牌销售依靠的并非"有高度的思想"。

能干的人并不依赖所谓的工作积极性,而是先行动起来。

一旦行动起来,自然就会找到办法,这样的事屡见不鲜。

既然如此,管理者不必刻意改变下属的思想,只需要设法改变下属的行为。

支持下属迈出第一步

话虽如此,下属在短时间内很难靠自己改变行为。

万事开头难,迈出第一步比想象的难得多。

为了让下属行动起来,管理者需要引导下属自行思考应该做什么,并且落实到行动上。

有的下属嘴上说"要做某事",却迟迟不行动,应该说这样的人占了多数。

对这类下属,管理者可以说:**"先做做看吧。你打算从哪里开始?"(〇)**

一个人一旦从自己的嘴里说出"要做某事",并且开始行动,就会倾向于保持一致性,将行动持续下去。

所以,管理者可以陪着下属先从"列举制订整体行动计划所需的任务清单"之类的小事开始,让下属具体行动起来。

-------- 重 点 --------

改变自己的思想尚且不是一件易事。先让下属行动起来,哪怕是微不足道的小事。

07 我应该拿工作勤恳却给不出结果的下属怎么办

满足下属的自我能力认同感，促其改变

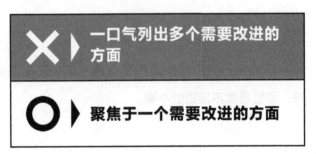

下属C工作十分勤奋，却迟迟做不出成绩。主管A想设法改变这个状况，效果却不是很好。

C身上有许多需要改进的方面。

主管A为C着想，经常指出他的问题："**刚才指出的问题你改一下就可以了。**"（✗）然而似乎不太奏效。当一口气被指出多个问题时，下属会搞不清楚从哪里着手改进。其实，一口气改变好几个方面是非常困难的。

再者，一个人一旦失去自信，别说有问题的方面，就连原本正常的方面也会出问题，搞不好还会因此陷入恶性循环。

对于问题较多的下属，管理者需要帮助他积累"成功改变"的经验，帮助他产生自信。

改变也有优先次序

当一个人有许多方面需要改进时，最好让他先聚焦于一个问题，告诉他**"先考虑怎么改变这一点"（〇）**。

聚焦于一个问题有助于下属集中精力，行动起来也比较简单。同时，这种方式还会带来"改正了"的成功体验。

此外，要说从哪里开始改，请参考我在"以'成果'和'可实现度'为标准，不耽误要事"一节中所说的，优先处理与成果关系较大的工作。只要改进措施能取得较大成果，下属不仅会变得自信，工作积极性也会相应提高。

可实现度也很重要。如果从实现难度大的方面改起，下属的改进会因为迟迟看不见结果而停滞，他的积极性也会降低。

以成果和可实现度作为判断基准，制订计划，逐渐改变。在此基础上，明确第一阶段改进这一点，第二阶段改进那一点……在主攻某一点期间，绝不旁顾其他问题点。

不追根究底，不否定下属

关键在于管理者需要给出反馈，让下属感到"自己是有能力的"。这种"自我能力认同感"是人类追求优秀感、成长感的需求。

下属能顺利改变固然好，如结果不理想，管理者需要注意不深究"改不掉"的原因，也不因此而否定下属。

或许，有的人觉得应该彻底搞清楚问题的原因，然而，追根究底只会把下属逼进"死胡同"，管理者应该做的是**"改变弱点"**。

下属对改变弱点一般不太积极，成功的概率也不高。

就算最终克服了弱点，在这之前下属也可能屡遭挫折。这时候，管理者必须避免挫伤下属的勇气。

管理者不应追根究底，而应询问下属"下次打算怎么办"（怎么解决问题）。这时，为了不给下属压迫感，可以采用"第一人称说法"。

"第一人称说法"指用"我"作为主语进行表达，如"我认为可以改正这个地方"。

与之相反的是"第二人称说法"，就是以"你"作为主语进行表达，如"你应该改正这个地方"。

"第一人称说法"表达的纯属管理者的个人意见，因此下属不会有压迫感。

然后，管理者可以询问下属"能做到的地方"及"下次打算怎么干"，当对方想不出解决方案（即不知道下次应该怎么办）时，才给出建议。

通过这种做法，下属会觉得"自己并非一无是处，在某些方面还是有能力的，是有用的"，他的**"自我能力认同感"**逐渐获得满足，也就会将关注点集中在今后需要改进之处，并落实在行动上。

与其一次性让下属改掉所有缺点，不如逐一改变更有效。

·················· 重 点 ··················

逐一改正问题，就能很快得到结果。

08 为喜欢拖延、缺乏常识的下属而感到苦恼

有效的办法是不告诉下属"什么时候完成",而是问他"什么时候开始"

在一家正进行 B2C 推广服务的大型生活服务企业的经营策划部,每个月的工作指标是提交两个策划方案。

主管 A 的下属 C 上个月匆匆忙忙赶出了两个策划方案,自然没被采纳。A 对 C 说:"下次早点开始,做出精确度较高的方案。"

对此,C 的回答是"我一直在酝酿灵感。

现在手头还有些必须完成的工作,做完了就开始做方案"。

面对这种迟迟不行动的下属,管理者怎么做才能让他们行动起来?

你知道"时间错位现象"吗?

即便做相同的事,在不同时期,人们对事情的难易度感觉也是不相同的。

人类总有一种错觉,认为未来会比现在更强,未来的自己会比现在更有能力。

明天会比今天好,3天、1周后会比现在好——人们总以为随着时间的流逝,事情会自然变好。其实,这种"之后我能做出来""只要多用一点时间,就能想出好创意"的想法,只不过是人的错觉。明天也好,3天、1周后也罢,时间长不见得就能想出好方案。

设置"开动期限"

拖延工作没有任何意义。与其先拖延再拼命冲刺,不如将这份能量前置,冲出"起跑线",这样不但能集中精神，缩短预热时间，也有时间精雕细琢，自然能做出高质量的作品。

工作细致的人除了明确完成工作的期限，还会设置"开动期限"。

大多数不能按计划完成工作的人都是因为开动较晚。其实，只要开始动手干，就相当于完成了工作的一半，这么说也不为过。

福特汽车公司的创始人亨利·福特曾说过："任何事情只要被分解为小事，就没有办不到的。"

在刚开始动手时，可以把从头到尾的一系列工作细分成小小的任务，这些任务甚至小到5分钟就可以做完。

譬如写策划方案，把从头到尾的任务仔细分解，如"每个人快速想出10个创意""描绘一下作品的模样"等。

另外，对于"开动期限"，与其由管理者决定**"在某日前开始"**（×），不如询问下属**"从什么时候开始"（○）**，让下属决定。

这么做能起到"行动宣言的效果"。一个人一旦用语言或文字公布了自己的想法，就有可能把该想法坚持到底。

　　哪怕是做事拖延的人，一旦决定了"开动期限"，不仅策划方案，所有工作都会赶在前面，迟迟不行动的现象就会消失。

·· 重 点 ··

　　对于迟迟不动手干的下属，让他自己决定从什么时候开始。

09

下属经常以"没时间"为借口,不肯服从

设置"什么都不做"的时间,下属的工作方式就会发生变化

2016年3月独立行政法人劳动政策研究及培训机构进行的"关于劳动时间管理与高效工作方式调查"显示,法定工作时间外的劳动时间增加的主要因素中,"业务淡旺期波动剧烈,导致突发性业务增多"位居前列,其次是"人手不足(原因是人均工作量多)"。

尽管人均工作量增加，但因为提倡按时下班和减少加班，可用于每项工作的时间持续减少。

这是一个不断追求效率的时代。

然而，有些优秀的商业人士也有大量工作要做，却能按时完成，还能做出成绩。

而有些人则无法有效利用时间，给不出结果。

在大型保险公司企划部任职的 C 因为同事调动，负责的工作增加，结果错漏百出，工作质量下降，所有的工作都做得很马虎。

主管 A 希望改变这种状况，于是对他说**"你应该提高工作效率"**（X），结果得到的反馈是"我没有时间"。

对这样的下属，管理者应该如何劝告呢？

缩减一天能用的时间

"提高效率"这句话给人的感觉十分抽象，令人无所适从，不知道具体从哪里入手。

另外，工作不是靠一个人完成的，需要与他人沟通。所以，管理者仅仅告诉下属"提高效率"，解决不了问题。

其实，工作时间并不能 100% 用于手头的工作，比如有时会接到邮件，有时需要接待意外出现的客户或其他部门的人。

因此，管理者安排工作时，必须考虑到可能出现的"意外状况"。

另外，尽管有的工作可以利用零散时间东做一点西做一点，但有的工作则需要整段时间。

这时候，管理者可以命令下属**"空出时间，什么都不做"（〇）**。

譬如，"在一天当中空出 2 小时什么都不做"，那么下属必须改变既有的工作方式，因为日均可用的时间减少了 2 小时。

西里尔·诺斯古德·帕金森说过："在大多数场合，一个人得不出结果并非因为时间不够，而是因为时间太多。"人有种倾向：一旦拥有充足的时间，就会平添许多要做的事，将时间全部占满，直至不得不提交的那一刻。

减少时间，能让员工养成"不做无用功"的习惯。

而在没有其他任务时，那段"什么都不做的时间"可以当作整段时间使用。

养成保证整段时间的习惯

德鲁克在《卓有成效的管理者》[⊖]中讲过这么一番话："要想做出成就，就必须拥有大段可供自由支配的时间。人们必须认识到保留整段时间的必要性，零散时间是派不上什么用场的。譬如，哪怕一天只有1/4的整段时间，也足以去做重要的工作。相反，即使有3/4天的时间，如果这些时间被分割得零零碎碎的，那么也起不了多大作用。"

利用零散的空闲时间处理工作，工作精确度就会降低，也容易出错。从静下心来工作的重要性来说，

⊖ 该书中文版已由机械工业出版社出版。

人需要整段时间从事容错率低的工作。因此为了保证有整段的时间,**管理者需要告诉下属"空出什么都不做的时间"**。

一个人从年轻时起就应该养成留下整段时间的工作习惯。

管理者应该结合"工作不出错"的短期视角与"为未来培养善于时间管理的人才"的长期视角,对下属进行指导。

此外,随着职位的提升,人们将需要更多的整段时间。

通过设置"什么都不做的时间",下属就能减少出错,加快工作速度。

································· 重点 ·································

工作安排过满将会产生反效果。可以让下属腾出"什么都不做的时间"。

第 2 章

10

对出错多的下属
可以这么讲

10 对重复犯错的下属，怎么沟通才能让他改变

改变问话方式，以"是不是领导的安排出了问题"为前提假设进行沟通

 问话时预先断定错误的原因在下属身上

 问话时先假设错误的原因在管理者身上

对于那些常犯相同错误的下属，比起责问他们**"为什么会出错"（X）**，不如询问**"是什么原因导致出错"（O）**。

因为，"为什么"关注的是人，而"什么原因"关注的是事。

所以，当一个人被责问"为什么"时，他会感到自己"有问题"，心中就会产生负罪感。

反省固然好，但更重要的是行为的改变。

通过询问"什么原因"，能敦促下属从客观角度自我审视，看看哪个地方存在问题，从而积极地改变自己的行为。

在我看来，不少管理者都十分认可上述的指导方式。

的确，经过培训或听讲，越来越多的管理者能去敦促下属改变行为。

但即便如此，有的下属依然重复出错。

那么，究竟怎样才能让下属改变呢？

你得是一位善于沟通的管理者

重复出错的原因大致分为两种：

- 没有意识到自己的错误。
- 不知道改正的方法。

前者用"询问原因"的办法，下属可以自己发现问题，采取措施防止再犯。

然而，如果出错的原因是后者，则下属很难对上司坦言"不会做"，因而永远得不到上司的建议。

在上司面前，下属一般不会主动讲述出错的原因及来龙去脉。

哪怕上司不是一个喜欢批评人的人，下属也很难说出可能对评估自身有负面影响的事。

管理者也一样。在社长等上司面前，很少有管理者会主动公开自己的错误或负面想法。

下属希望给上司留下一个好印象，就算做不到"好"，也希望尽量避免暴露自己不好的一面。

将下属出错归因为管理者的表达出了问题

此时需要让下属感觉"和上司一起讨论讨论这个问题也无妨"。

管理者需要有意识地引导下属轻松地讲出犯错的原因。

因此，即便不符合实际，管理者也可以采用"大概是我讲得不够到位""是不是我没解释明白""我之前的表达是不是不清楚"等说法。

错的不是下属，而是管理者。**管理者可以把出错的原因归咎于自己表达不善，然后问下属："或许是我的讲解有问题，你觉得我应该怎么讲比较好？"**（○）

假如下属没有任何回应，管理者可以说："有的话请你告诉我，哪怕是一丁点也好。""哪怕是一丁点也好"——当听到管理者这么说，下属就比较容易说真话了。

接着，管理者还可以问下属：**"你觉得怎么做才不会出错？"** 这时由于有了管理者之前的铺垫，下属较容易打开心扉。假如下属说出了恰当的方法，管理者可以说：**"我觉得我们应该相互提高，所以，如果我有什么地方做得不对，请直言相告。"**

假如下属提不出妥当的办法，管理者可以说：**"在我看来，错误的原因出在这个地方。"**

关键在于营造出上下轻松交流的氛围，使下属较容易如实说出出错原因。出于这个目的，管理者也应当先假设问题出在自己身上，然后才提及下属的问题，按照这种先后顺序与下属交流。

········· **重 点** ·········

原因并非出在下属身上，而是管理者的表达有问题——以这个角度去询问下属。

11 | 以为下属工作量大而做出调整,但对方依然频频出错

在得出下属工作"超负荷"的结论之前,请先检视其工作方式是否有问题

当下属在工作中频繁出错时,或许他的工作量已经超负荷。

在化学厂经营企划部任职的 C 因为优秀,工作都集中在他手里。最近,他出错的现象也多了起来。

能者多劳,工作大多集中在那些态度积极、办事牢靠的人手里。

工作量超过自身承载能力的人大多害怕拒绝。他们认为，如果拒绝别人委托的工作，就会被别人讨厌，因此总是硬着头皮接下工作。

然而，即使能力再强，一旦手头的工作量远远超出自身的承受能力，人就容易出错。

另外，一个人如果连续出错，很容易陷入身心失衡的状态。这种现象比比皆是。

尤其像C那样能干的下属，通常认为主动要求"减少工作量"意味着告诉别人自己"无能"，因此，更容易出现工作超负荷的现象。

主管A也认为C之所以频繁出错，是因为工作量太大。

于是，他对C说**"你的工作量太大了"**（X），并将C的部分工作转交给其他下属负责。

A以为这么做能为C减少负担，差错自然会减少，但是，情况并没有改观，C仍然频频出错。

A反复找C谈话，在交流的过程中，发现C出错其实另有原因。

C出错的原因并不在于工作量大，而在于C的工作方法。

所以，是A的判断出了错。

C是团队中的年轻成员，今后随着资历的增加与晋升，手中的工作会越来越多，必须趁现在提高他的工作效率，使他变得精干老练。尽管日本正在推行劳动方式改革，但工作将随着一个人的资历增加而增多。

必须让下属在工作中不断进步，有意识地改进工作方法，消灭无用功，提高效率。

A在与C的谈话中说**"如果你能对之前交给你的工作做出细致的计划就好了"**（〇），让C意识到自己的工作方法有问题。

是"不知道"，还是"没有做"

工作方法出现问题，原因只有两个：要么是"不知道还有更好的工作方法"，要么是"虽然知道有更好的方法，但没有执行"。

如果是前者，管理者可以告诉对方"这样做更有效率"。

例如，Excel、宏功能等计算机技能可以缩短作业时间，写策划案的恰当格式及找数据的方法等都能通过学习掌握。

"把策划方案模板化。"

"在传递信息时，时刻意识到对象是谁，他想要的是什么，简明扼要地表达。"

"将常用词语录进词库。"

这些提升工作效率的方法一样可以学会。

然后，C会发现更好的工作方式或提高效率的办法，即便工作量增多，处理起来也不容易出错。

但是，下属明明知道提高效率的方法却不执行，很可能是因为害怕突然改变工作方法会将工作搞砸。在这种情况下，管理者需要不停地敦促下属改变工作方法，以提升效率。

要想迈上新台阶，必须进步。不论下属多优秀，管理者都必须让他意识到自己**还有"改进空间"**。用这个办法，下属的工作将会变得更高效。

观察下属，让下属意识到还有更好的工作方法，持续告知下属可改进的地方。

重点不在于勉强下属按照上司说的去做，而是**引导下属，使其有意识地主动改进**。

为此，管理者需要使下属主动意识到用过往的工作方法行不通。

因此不能减少下属的工作量。只有保持工作量，下属才会觉得有改变工作方法的必要。

这种"疗法"看似粗暴，但能在不减少工作量的前提下，促进下属产生改进意识。

·········· 重 点 ··········

或许下属害怕因改变工作方法而遭遇挫折，需要让下属意识到自己存在改进空间。

12

下属时常出现轻微错误，怎么才能防止这些错误演变成"致命伤"

要想减少轻微错误，最好的方式就是沟通交流

 任由下属自行确认工作与思考预防出错的措施

 无须一一检查下属预防出错的措施，只需与他定期讨论这个话题

再怎么提高效率，工作毕竟是人做的，不可能完全不出错。正因为错误不可能为零，因此预防尤为重要。

A经常出现一些轻微错误，如在录入顾客信息时，写错经手人名字中的汉字；在Excel表格中录入信息时，没注意平假名转换为汉字时

的错误。[一]客户收到带有错别字的付款申请书后，联系了财务部，管理者才发现这个错误。

于是制定了一个"预防措施"，就是在录入信息后，照着名片检查一遍。

但是半年之后，A又出现了新的错误。

这次是在录入一家公司名称时，将其中的汉字弄错了。

长此以往，公司的信誉很可能受影响。因为每当感觉问题已经解决时，又有新的错误出现。

对下属的"放权"是否变成了"放任"

这是发生在我的客户公司里的一个真实案例。一个轻微的错误往往会造成巨大损失。

而且，这种失误其实是可以避免的。可是，只因为偶然一次没有确认，导致错误发生——没有比这更令人懊恼的了。

[一] 日本输入汉字先输入平假名，然后再转换成汉字。——译者注

当下属第一次出错时,管理者对他说:**"请想一想今后怎么做才不会出错。"**(X)然而,谈完之后就任由下属自行其是,说得好听一点是"放权",其实是"放任"。

那么,怎么处理才能消灭这些轻微的错误?

就本案例而言,促使下属思考今后的解决办法虽然是好事,但如果下属一天24小时都在考虑怎么不出错,必然不可能做好工作。可若要管理者对下属所做的工作逐一检查,再多时间也不够用。再者,为了消灭失误而这样耗费管理者的时间,从投入产出比来看也是不划算的。

不增加检查的点

重点在于不能只靠下属"注意"。当然,对于容易出错的工作,下属应该更小心、细心,但是,仅凭"注意"是不可能防止错误发生的。

在工作量增多或出现突发情况时,人的注意力必然会分散，这是在所难免的。所以，管理者必须构建一定的机制，以便提醒下属注意需要留心之处。

例如，就刚才录入信息的案例而言，管理者可以制定一个规则：在录入一个名字后，必须"指读"（一边用手指点着一边念出声的检查方式）。乍看起来这么做既费事又费时，但与补救失误所用的时间和金钱相比，成本还是很低的。

不过，需要注意的是不能设置太多这种需要"指读"的地方。一旦多了，人就会嫌麻烦而在忙碌时省去这个步骤。所以，最好将检查重点聚焦在一点上。

管理者还可以提醒下属："**以前出过这种错误，别忘了检查。**"（〇）

此外，在业务繁忙时期，管理者还可以将本时期需要注意的事项写在白板上，提醒下属注意。

人孰无过，即使做到这个地步，也不可能完全消灭失误，但是，一些轻微的错误将会大幅度减少。

重要的是检查要点须简单明了，而且管理者需要定期主动找下属交谈，确认对方是否在坚持检查（运用检查机制）。

·········· 重 点 ··········

在容易出错的时候，讨论失误的话题，下属就会自动关注如何做才不出错。

13

团队的目标是"零投诉",下属却出了不得了的错误

把消灭投诉当作目标,会使团队滋生瞒报行为,"零投诉"会走向变质

再完美的工作,只要买卖双方是人,就或多或少会有投诉。投诉处理不当会对工作产生巨大影响。

没有人希望被投诉。但只要应对得当,"事故"也有可能变成"故事"。

通过投诉,我们能发现客户的需求,获得新产品研发的线索。倘若应对及时、贴心,还

能进一步加深与客户的关系，有时还会促成其再次购买。

处理投诉，是下属成长不可缺少的环节。

那么，对于投诉，管理者应当如何进行管理？

重大舞弊始于微小的瞒报

一家从事邮购业务的企业正在举办"零投诉运动"，目的是消灭投诉。负责管理客户服务中心的A给下属打气："**绝对不能产生投诉。**"（×）

整整5个月过去了，在部门即将达成"6个月零投诉"的目标、所有成员士气高涨之际，有一位客户投诉"送错了货品"。

负责处理这位客户订单的是A的下属C。

C接到投诉后十分着急："是我打破了'零投诉'纪录。"他害怕被同事责备，于是赶紧联系客户"我马上帮您更换"，企图通过快速处理，神不知鬼不觉地将投诉遮掩过去。

然而，需要更换的产品没有库存，C跟厂商确认后，才知道需要一周才能到货。

C打电话告知客户这个消息，客户非常生气："不是说好立刻更换的吗？"C只好硬着头皮建议："我马上给您发一个差不多的产品，可以吗？"

客户听了更生气了，问题升级，已经超出了C掌控的范围。

世间的严重舞弊大多始于微小的隐瞒。

根据海因里希法则，一件重大事故背后必然发生过29件轻微事故及300个异常征兆。

如果对这些"有惊无险"的异常征兆听之任之，那么它们终有一天会发展成严重事故。不过，只要在有惊无险的阶段发现苗头并加以消灭，就能防止重大失误的发生。这个法则也适用于投诉。

当发生投诉时，如果能及时安抚客户情绪，真诚应对，就能避免投诉进一步升级。

当然，没有投诉是最好的。不过，处理方式不同，投诉也会呈现不同的结果。

星野度假村株式会社的社长星野佳路强调:"对待投诉,不能采取消极态度,要积极看待。重要的是思考'做什么才能让投诉不再发生',积极面对投诉。"他还说:"而且,不要批评报告投诉的员工。"

认真面对投诉

后来,C 的主管 A 既不强调"减少投诉",也不再举办"零投诉运动"。他对下属们说:**"投诉是在所难免的,我不会生气,有投诉的话请立刻报告。假如不报告,你们知道会有什么后果。"**(〇)他改变了方针,对下属疏忽、不报告的行为进行批评。

从那以后,一有投诉,下属们就立刻报告,哪怕事情再微不足道。

最要紧的是,在下属看来,向 A 报告、请示,能得到应对投诉的启发。

C 造成了投诉升级,他做了反省。

管理者不应给下属不必要的压力,而应该创造条件，让接到投诉的人敢于如实反映情况，在仔细聆听后冷静地告诉下属今后该如何处理类似情况。

这么做的话，下属也就没必要瞒报。

投诉不是什么好事，但它是一个经历。

只要认真面对，下属就能从中获得快速成长。即便再小的投诉，只要在团队中透明公开，管理者就能及时在处理方式与对策上给下属反馈。

事实上，后来A的投诉"变多了"，正确地说，是被隐瞒的投诉"浮出水面"了。

对下属来说，虽然报告投诉是一件很困难的事，不过，投诉也是下属成长的必经之路。微小的瞒报很有可能发展为大问题，管理者必须明白这一点，为下属创造轻松报告投诉的环境。

························ 重 点 ························

创造允许分享负面消息的环境，就能最大限度地支持下属。

14

怎么才能让维持现状、缺乏上进心的下属行动起来

告诉下属："不挑战就得不到好的评估结果"

最近有不少这样的现象：管理人员退休后被返聘为普通员工，或原本的资深人员（指职务高、资历老的人员）在退休后被企业聘用为某部门内的一般员工。

这些资深人员拥有丰富的知识经验、宽广的人脉，在管理者看来是值得依靠的人，所以常常请他们传授技术或培养后辈。

据闻大和房屋工业株式会社 2013 年起开始实施"65 岁退休制",92% 的退休员工选择了返聘。今后,鉴于日本劳动力不断减少,越来越多的企业将积极聘用或返聘退休人员。

身为管理者,未来需要面对不同世代的人。

在那些返聘的资深人员当中,有的人能对工作一如既往,很值得依靠;有的人则因为待遇下降而丧失了工作积极性。

即使评估结果再高,薪水也不会增加,因此,后者认为:"不求有功但求无过,只要对得起当下这份薪水就行了。"

面对这种下属,管理者不论怎么讲述愿景,怎么激发他们的工作积极性,都难以有良好效果。可是,他们不思进取的工作状态不仅让管理者头疼,还会给周围的人带来不好的影响。

拥有类似想法的,并不仅限于这些资深人员,这是"实力主义"的影响所致。这些人对升职加薪已不抱幻想，宁愿维持现状。

有的管理者企图用"不挑战新事物，今后的日子会越来越难过"之类的道理规劝这些下属，敦促他们行动，可惜往往打动不了他们的心。

不过，这些下属在说喜欢维持现状的同时，也害怕自己的评估结果下降。

对于这些只肯做自己熟悉的事，不愿挑战不擅长的或新的工作的下属，管理者应该如何引导？

告诉下属不行动的痛处

A年近40岁，是一位大型服务型企业促销部的负责人。在我的演讲结束后，他前来咨询："我有一位下属C给团队带来了不好的影响，他年纪比我大，我该怎么与他沟通呢？"

C 60多岁，是一位正式员工，他通过退休资深人员的返聘活动进入该部门。他曾经在大型广告公司工作过，后来进了现在的公司，原本从事销售工作，退休后调到了促销部。

C只肯做一些日常例行工作，因此A将他与30岁出头、负责新活动策划的D编成一组。

但是，C经常说"竞争对手也在做同样的活动，这么做很难成功""我年轻时也想过类似的创意，在公司里这个想法行不通"等。喜欢挑战的D和拖后腿的C开始产生矛盾。可是，面对年长的C，D很难说出自己的意见。

在本案例中，C并没有说过"因为工作太难所以不做"之类的话。他只是害怕失败丢脸，所以不想行动。

对这类下属，用<u>"挑战失败的话，你的评估结果也不会下降"</u>（✕）之类的话进行安抚，是不会有效果的。

因为对方只想维持现状。必须让他明白"不行动的痛处"，因此，管理者应该说：<u>"不挑战的话评估结果会下降。"</u>（○）

一个人在挑战时，注意力要么放在挑战带来的快感上，要么放在逃避痛苦上，所以，这么说其实是在告诉对方："挑战工作可以帮你避开痛苦。"

　　A对C说："如果你去做了，失败了，评估结果不会降低。但是，如果不做，你会在评估中得差评。"

　　因为害怕得差评，C行动起来。他和D互相配合，推进工作，终于举办了活动。不过，本来促销目标是吸引300名顾客，但实际只来了130名，远远低于盈亏平衡点，出现了较大亏损。

　　尽管A说过"即使行动失败，评估结果也不会降低"，但C还是做好了得差评的心理准备。

　　然而，A对他说："你的挑战值得一个正面评价。让我们下次一起把事情做成功。"

　　连续失败3次之后，第4次活动的集客数超越了目标，获得了成功。C大概因此有了自信，主动向D建议一些其他活动。

　　如果可能，管理者可以对下属讲述"从事新工作的好处"。倘若下属依旧不为所动，让下属知道"不行动的痛处"，有时也是必要的。

································· **重 点** ·································

有时候下一剂猛药也很重要。告诉下属，不行动的话，评估结果就会降低。

15 下属的心渐行渐远，我到底哪里做得不对

在需要对客户赔礼道歉时，比起担心客户，应该先关心下属

在工作中，最重要的就是"客户"。

"顾客就是上帝"这句话曾经流行一时，然而，到了令和[注]年代，这个观点逐渐发生了改变。当然，顾客依然非常重要，"顾客满意度"仍然是企业关注的重点。不过，伴随着劳动力减少，企业越来越重视员工，"员工满意

[注] 2019年5月1日，日本启用令和为新年号。——译者注

度"也越来越受到关注。

也就是说，对管理者而言，下属越来越重要。

管理者的一句话可能一下子让其失掉人心

下面是一家大型日用品厂的案例。该企业给客户报了特别价格，但在送交的付款申请单上，填写的还是原来的价格。

客户的经办人给C打来电话："我的上司发火了，说付款申请单上的价格怎么跟说好的不一样，以后还能跟你们继续做生意吗。前几天的那笔交易的数量也弄错了。请立刻重新开具付款申请单，赶紧送过来。"

这已经是第二次出错了。第一次交易时，该厂送去的产品种类与数量出现了错误。

鉴于对方是大客户，对方投诉可是一件大事，于是C立刻打电话给主管A，报告了此事。可是A与一位重要的老客户有约，无法立即赶回，C只好独自到客户公司赔礼道歉。

C 曾在客户服务中心工作过，这时过去积累的工作经验派上了用场。他独自解决了问题，最后虽然设法保住了客户和生意，但也被痛骂了一顿。尤其客户方的管理者是一名年长男性，给人很强的压迫感，这让 C 感到十分难受。

C 回到公司，A 已经回到办公室。他看见 C 的第一句话就是：**"客户那里没问题吧？"（X）** C 回答："是的，总算保住了。"A 听完整件事的经过后说"客户没出问题就好"，也没有过多追究责任。

事情看似已经平息，但从第二天起，C 的态度变得很冷淡。不仅如此，团队的气氛也变得古怪起来。

管理者必须成为下属的安全堡垒

A 对这件事的处理有何不妥？

问题出在 C 回来后 A 的态度上。如果当时 A 能更好地对待 C，或许会得到 C 的信任。A 应当展示自己的**"同理心"**。

具体地说，A 可以先安抚 C：**"你辛苦了""碰到这种事，真是难为你了"**。(〇)

一个人在被投诉、痛骂或心里难过时，都想找一个"安全堡垒"。"安全堡垒"是指在紧要关头可以倚靠的、得到保护的地方或精神支柱。

管理者应该安抚下属，**成为下属的"安全堡垒"**。

如果下属刚回到安全、放松的场所，管理者的第一句话就问客户，下属会感到受伤，觉得"我这么拼命，上司也不保护我、关心我"。

特别是当遇到重大问题时，下属会仔细观察管理者的一举一动。管理者就算平时靠得住，可是，如果一遇到紧急情况就坐立不安或忽略下属，就会一下子失去下属的信任。

比起"客户满意度"，管理者应更重视"员工满意度"。重视员工满意度，珍惜下属，下属就会为了这份重视而努力工作，提升工作积极性，提高工作质量，而这一切将会成就更高的"顾客满意度"。

当下属陷入困境或糟糕的状况时，管理者不能一上来就担心客户，而应该先慰问努力去处理问题的下属，这一点非常重要。

·········· **重 点** ··········

在担心客户之前先关心下属。只需要做到这一点，下属对上司的信任感就会提高。

16 | 没做出成绩的管理者是否有资格批评下属
再次明确普通员工与管理者的工作职责

负责运营的管理者在没做出成绩时，常会感到迷茫，不知是否可以忽略自己没做出成绩的事实去批评下属。

主管 A 每当批评下属时，都十分克制，并且采用十分婉转的表达方式，如<u>"我也没有资格说这种话，但是，让我们一起做一些补救工作吧"</u>（X）。

用这种方式批评，管理者看似"谦虚"，其实并没有达到"批评"的目的。用"我没有资格"或"我的话或许没有说服力"之类的谦辞婉转地批评下属，批评本身就失去了意义。

而另一位主管 B 在批评下属时，并不受自身业绩高低的牵制，该怎么批评就怎么批评。他的批评不夹带情绪，态度也因人而异，因此赢得了下属的信赖。

丢掉"不能输给下属"的想法

身为管理者，哪一种态度才是正确的呢？

B 的才是正确的。有的管理者像 A 一样，认为只要自己没做出成绩，说话就缺乏说服力，必须做出成绩后才有资格批评下属。

A 的这种想法是将普通员工的职责与管理者的职责混为一谈，并没有尽到管理者的责任。

在这种思想的作用下，团队分工的平衡将被破坏。管理者这么做，其实是在争夺下属该做的工作，并不是真心为下属着想。

基本上，普通员工是"动手做事"的人，而**管理者是"辅助下属，促进团队与下属成长"的人**。身为管理者，必须清晰地意识到这两者之间的区别。

哈佛大学的罗伯特·卡茨教授在其发明的"卡茨模型"中指出，对普通员工的工作要求是"技术（业务）技能"，而对现场管理者的要求是"人事技能"。

企业对普通员工和管理者要求的技能本来就不相同。因此，管理者应当舍弃"必须比下属优秀""不能输给下属"之类的念头，不必与下属分个高低。管理者和普通员工本来只是分工不同，并非上下从属关系。

越来越多的管理者不敢批评

这么一想，你是不是也开始觉得，作为一名管理者，批评下属是自己的分内工作，与自己的业绩好坏无关？

在昭和年代^㊀，很少有管理者不敢批评下属，而如今"害怕批评下属"的管理者越来越多。

其实，许多下属希望被批评，因为他们希望在工作中得到成长。只要用对方式，批评下属是没有任何问题的。

管理者之所以与下属关系紧张，大多是因为他们将"批评"与"发火"混为一谈。批评的目的是帮助下属改变行为，而发火则是管理者自身的情绪失控。

"批评"是为了下属，因此，假如不关心下属，批评就会变成管理者的自说自话。

"这个月的目标数字看来完不成了，你打算怎么补救？"（〇）管理者可以通过类似的问题，指出希望下属改变的地方。

然后根据下属的答复，按照下面的方式应对。

㊀ 日本天皇裕仁在位期间使用的年号，1926年12月25日～1989年1月7日。——译者注

当对方提不出具体想法，只回答"我会努力""我会想办法"时

下属有时候是真的没有想法，有时候则是企图打马虎眼。

这时管理者需要追问："怎么努力？""我知道你会想办法，不过具体怎么做呢？"

当下属说"您身为领导，不也没达成目标吗"时

这时首先不反驳。

先回应说"的确如此"，在接受下属意见的前提下反过来发问："为了补救，让我们一起想想今后应该怎么做。**你有什么好建议吗？**"

重点在于提出问题，请下属给出具体答案。

这时候管理者无须顾虑自身业绩，不必说"我没有资格这么说"之类的话，而是敦促下属改变行为。

如果下属想出的主意太幼稚，或想蒙混过关，管理

者可以这么回复:"这么做我看很难。""这个方法行不通。"然后继续追问:"还有其他办法吗?"

这样反反复复地追问,下属逐渐答不上话来。到这个阶段,管理者再提出"该怎么行动"的建议,下属也就容易接受了。

培养下属是管理者的重要职责。当下属走向错误时,管理者必须加以批评,敦促下属及时改正。

批评是管理者的工作,与管理者自身业绩好坏无关。

·················· 重 点 ··················

管理者与普通员工分工不同,因此,批评下属是不可避免的。

第 3 章

17

对妨碍工作进度的
下属可以这么讲

17

下属说"没问题",结果根本不是那么回事。当下属不说实情时,我该怎么办

用心听取下属的心里话,提高下属内在安全感

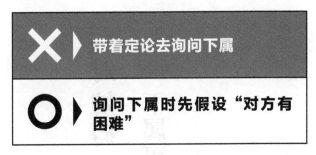

A 在一家大型化学品厂担任管理者,今年已是第 3 年了。下面是他咨询的问题:"对一些妨碍工作进度的下属,应该怎么指导才好?"

据闻前些天他安排下属 C 准备会议需要的数据,给出的时间是 1 小时。可是,时间到了,数据还没有交上来。于是他问 C:**"希望你在接下来的 2 小时内完成,不会有问题吧?"**(×)

下属 C 回答："没问题。"然而，过了 2 小时，数据还是没完成。眼看着就要下班了，A 只好将交给 C 的工作"打包"回家自己做，搞得手忙脚乱的。

后来，他从其他下属那里了解到，C 突然接到客户的需求，忙于应对，但因为害怕被上司批评"分不清轻重"，所以不敢说实话。

这个案例的问题不仅出在"下属妨碍了工作进度"上，还隐藏着其他问题，那就是下属不敢说出心里话，而原因出在管理者身上。

对于下属来说，管理者是上级。下属从管理者身上感受到的威严远远超出管理者的想象。当管理者问下属"不会有问题吧"时，下属很难回答"有问题"。

下属一言不发的原因

谷歌公司认为团队管理的要素是"内在安全感"。

团队的内在安全感是指"团队成员之间相互放心，拥有共同承担人际关系风险……对呈现本来面目感觉舒适的集体文化"①。

在谷歌的"成功领导团队的关键要素"的调查中，内在安全感也排在第一位。**内在安全感高的团队成员能放心大胆地向管理者或同事表达意见**。原因是他们在团队中感觉不到消极的因素，不觉得"说了会被骂"或"评估结果会下降"。

相反，在内在安全感低的团队中，下属认为如实地表达意见会惹他人生气，或对自己的评估结果有不良影响，因此宁愿保持缄默。

刚才提到的 A 的团队，就不能保障团队成员的内在安全感。

内在安全感高的组织不仅透明度高、关系融洽，它与"温情主义"的组织也截然不同，它会为下属消除不必要的压力，提供坦然讨论的环境。对那些想说话却不敢张口的下属，管理者需要营造可畅所欲言的集体氛围。

---

① 埃里克·施密特，乔纳森·罗森伯格，艾伦·伊格尔. 成就 [M]. 葛仲君，译. 北京：中信出版社，2020.

开放性问题更便于交流

前面的"不会有问题吧？"属于封闭性问题，回答不是"有问题"就是"没问题"。

虽然下属也可以回答"有问题"，但面对上司的提问，其实很难说"有问题"。

或许有的下属敢明确地说"有问题"，但也有下属不到迫不得已时，不敢说实话。

就本案例而言，为了让下属说出心里话，管理者在告诉下属"希望你在接下来的 2 小时内完成"之后，不妨多问几句：**"现在你手头还有什么工作？""你觉得哪个地方可能最耗时间？""你觉得哪个地方不太清楚，可能会有困难？"**（〇）

这些都属于开放性问题，对方需要提供"有问题"或"没问题"之外的答案。

这些问题的前提假设是"存在妨碍 2 小时内完成工作的因素或困难"，因此，如果下属有困难，也较容易张口。

了解真实情况，管理者就能进行调整，比如找人帮忙等。

这样不一定能保证下属工作速度的提升，但可以让管理者放心。

保障下属的内在安全感，下属就容易说出心里话。如此一来，除了那些看得见摸得着的问题，一些隐藏在底层的问题也会显现。管理者掌握了下属的内在问题，指导也会变得更精准。

·········· 重 点 ··········

问下属"不会有问题吧"，只能得到"没问题"之类的答案。管理者应当为下属消除不必要的压力，询问情况，在下属为难时雪中送炭。

18

我真心诚意地对下属说"相信你,才把任务交给你做",对方却害怕承担风险,拒绝接受

要想改变下属对工作的态度,只需要减少他心中的担忧

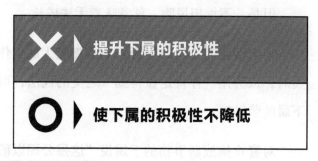

一般社团法人日本能效协会《2019年度新员工意识调查报告》统计,新员工"在工作中感到最不安的事"当中,排在首位的是"职场人际关系",以同样票数并列第一的还有"在工作中出错或失败"。

这些数据表明,在现在这个年代,许多下属不再为"被委以重任"而喜悦,而是希望尽

量不承担风险。

从数据来看，为了不让员工的积极性下降，减少员工所需要承担的风险即可。

但是，不承担风险，就意味着无法成长。

某大型咨询公司的主管 A 将难度较大的工作交给下属时，以为用"你肯定做得到"之类的说法，可以激起下属的荣誉感。

对喜欢挑战新事物的下属说**"这是公司以前从未涉足的领域"**（×），对想升职的下属说**"只要干成这件事，就很可能升职加薪"**（×），的确能够激发下属的积极性。

有自信心的下属总是积极接受任务，可惜团队中并非都是这样的下属。

消除风险

激发下属的积极性是件难事。

有时候，不论管理者怎么激励，下属也不为所动。

如果费尽心思也无法提升下属的积极性，用粗暴一点的话来说，将时间用在这类下属身上纯属浪费时间。

因此，只要让下属"不降低积极性"即可。重点在于尽可能消除风险。

譬如，在从事以前没有做过的新工作时，任谁都会多少有些不安，心里会想"能不能按时完成""由我来负责，品质是不是能保证""拿出手的东西是否能得到别人的认可"等。

同时，这类下属不太喜欢被迫承担责任。只要看不清目标达成前的一系列工作，他们就会感到十分困难。

因此，管理者需要将任务一个个厘清，询问下属**"哪个部分令你感觉不安"（〇）**，然后为下属解释这些地方，接着告诉下属"进展不顺利的话，我会跟进的，你可以放心"。

对于害怕风险的下属，提升他们的工作积极性很难。因此，不必硬去提高他们的积极性，而是让他们的积极性不降低。管理者可以告诉他们"只要注意这个地方就好",消除他们内心的不安。

·········· 重 点 ··········

不必提升下属的积极性,管理者的工作就是不让下属的积极性降低。只要管理者成为下属的后盾,下属就会不再犹豫,开始行动。

19

下属的工作表现不好，我想让他转做别的工作，他会不会辞职

发现并发挥下属的优点，如实告知下属现状及其问题

✗ ▶ 给下属换工作时，只告知对方积极的方面
○ ▶ 给下属换工作时，还需要告知对方消极的方面

现在人均工作量正呈上升态势。

有的时候，公司里即使有人辞职，也不会补充人手，而是仅凭现有的人手工作。在这种情况下，假如团队中有不得力的下属，管理者不可能视若无睹。

对于那些不能按预期做好工作的下属，管理者或许觉得"既然他本人也干得十分难受，

不如把他调去做其他工作",这时应该怎么说?

A在一家外资高级连锁酒店营业推广部担任课长。他的下属C表现不力,经常出错、返工,他正在思考拿C怎么办。

C不擅长写策划方案或在会议中发言,但非常擅长使用Excel和做PPT,周围的人也常常向他请教Excel的使用等技巧。

A觉得C难得有这个本领,想把他调去从事一些能发挥其Excel特长的地方。

于是,A对C说:**"你很擅长Excel,我想调你去做其他工作。"(X)**

他告诉C,这次让C换工作是因为想发挥C的特长。

但是,C对自己的短板有知觉,知道自己不擅长与人沟通,在会议中也不会发言,还常常急躁出错,因此,他心里明白,这次调动其实是自己的不足造成的。

如果是升职之类的调动还好,但这次调动显然是一次消极安置。

只告诉下属积极的方面，并非真正为下属着想。如果下属的工作不存在问题，就不会有这次调动了。即使管理者对下属说"你很擅长 Excel"，将他调去其他部门，他也不可能不遇到类似参加会议、与他人沟通等不擅长的事宜。

尽管有观点认为"看人应看长处，不应看短处"，但管理者也不能无视下属的缺点。对缺点听之任之，这对下属来说也绝非好事。

只告诉下属积极的一面，下属或许会以为"继续这样下去也没关系"。

如实告知下属其消极的一面，这一点十分重要。

在本案例中，管理者可以这么说：**"现在的工作对你来说有点难。（〇）**你擅长整理数据，我会多给你类似的工作。同时，尽管你不擅长，也需要通过努力，提升自己的沟通能力。"

像主管 A 一样只告诉下属积极信息的人，无法赢得下属的信任。告诉下属消极信息的管理者能让下属感到"被认真对待"，因此能取得下属的信任。

如实指出下属的不足之处

近来"表扬教育法"成了一个热门话题。不过,单靠表扬是无法与下属构建起信赖关系的,能如实反映其不足之处的管理者更能赢得下属的信赖。

管理者需要"亲切"与"严厉"兼备。

2019年11月,Manpower集团株式会社针对400名进公司2年内的正式员工做了一个调查。结果显示,上级获得信任的理由当中,"如实指出自己不对的地方"位居前列。

上司应认真纠正下属的错误,尽管难以开口,但是告诉下属一些听来刺耳的良言,才是真正为下属着想。比起一边说着好听的话,一边撤走下属的业务,**管理者不如认真严格地指出其存在的问题,那么下属也会努力改正。**

·················· 重点 ··················

不仅以下属的特长为由调动下属的工作,还如实告知其存在的问题,下属就会努力改变。

20 | 我和下属关系不好，安排起工作来很困难
在分派工作时，用"商量"替代"命令"

如果管理者与下属关系不佳，在分配新任务时往往不太顺利。对那些与自己关系不好的下属，管理者应当如何安排工作？

A 在一家大型 IT 企业里从事系统研发工作，他已经在这家公司工作 7 年了。下属 C 与他同时进入公司，实力也与他旗鼓相当。但由于 A 顺利完成了一个大项目，获得了晋升，于

是两人从同事变成了上下级关系。

C是一个掌控欲比较强的人，而且心直口快，喜欢反驳别人，从刚进公司起，他的这种性格就让A十分头疼。

A有点匠人的特质，喜欢默默工作。他自从当上管理者后，就十分在意身边的人的感受。

有一次，A想让C加入一个新项目，这个项目是为某酒店制作一套系统。原因是C曾多次为酒店做过系统架构，在这方面拥有丰富的经验。

虽然C手里已经有好几个项目在执行，但在A看来，C尚有余力。于是，A对C说：**"你对架构酒店系统有丰富的经验，这个工作我想交给你来做。"**（X）接着他补充说明了"为什么"，告诉C将这份工作交给他的理由。

这个方法其实并不算差，但对于关系不好的下属而言，需要再"加工"一下。

当彼此关系不好时，一旦对方回答"不，我并不擅长这个工作"或"我忙不过来,接不了",谈话只能戛然而止了。

先"商量"再"安排",这是铁一般的原则

那么,应该怎么说比较好呢?

与其"命令",不如**用商量的语气询问对方的意见**,这样能使对方感到"被依靠""被认可",从而得到满足。

"要论这个行业,大概没有人比你更清楚了。我想听听你的意见。"(○) 用诸如此类的方式与对方商量。用商量的语气暗示下属"我信赖你,所以才问你""我认可你"。

善于用人的管理者很善于运用"商量"这一"武器"。即使已经有明确的答案,他们也常故意与下属商讨"怎么办才好"。

当命令变成商量,下属会在连续的讨论中逐渐将该工作视作自己的事。

然后,管理者可以寻找合适的时机提出请求:"能

不能请你帮忙？"

这时下属也比较容易接受："既然领导问我意见，就是愿意依靠我。我帮帮忙也无妨。"

面对关系不太好的下属，管理者可以通过上述办法，**将工作安排分为两个步骤，先与下属商量，再把工作交给下属。**

用这种办法大多不会耗费太多时间。管理者**不必一上来就分派工作，而是改为与对方商量。**这么一来，即便关系不好，下属也能听进去上司的话，并且出手相助。

商量过数次之后，下属对管理者的态度会逐渐改变，工作再忙也会积极接下项目。

.... 重 点 ....

只需把"分派工作"变为"商量"，就能与下属建立良好的关系。

21

面对内心脆弱、情绪低落的下属,不知该怎么交流

采用"坚持""改进""挑战"之类的话语,即时提振下属的精神

这是来自一家广告公司的课长 A 的咨询案例。

A 的下属 C 有一次接下了一个只要成功就能立刻完成销售目标的大项目,因此,在比稿前的一周,C 用了大量时间准备,每天都干到搭末班车回家。

遗憾的是,比稿失败了。

次日 C 的心情非常低落。

如果是昭和年代的管理者，大概会说"这有什么想不开的"，然后敦促下属向前看，下次再争取。但是，一个人为某件事花费的时间越多，付出的心血越大，就越难以释怀。

"下次再争取"之类的说法，无法对下属的劳动过程给予客观评价。下属尽管失败了，但的确付出了心血。

当然，对过程无须夸奖，但需要安慰一下。

A 鼓励 C：**"这次不过是时运不济罢了。""调整心情，继续加油。"（×）**这些说法是平成年代时期的"安慰与鼓励"。

管理者认为"这下子该打起精神了吧"，下属却说"话虽如此，可是……"，情绪依然低落。

一个人对一件事投入的时间越长，注入的心血越多，一旦失败，越容易陷入严重的消沉。在这种情形下，对他说"不要在意"，只会让他觉得"这个人不懂我"，表面的鼓励对这种状态中的人并没有太大意义。

和下属一起思考成功的具体方式方法

那么，当下属因为失败而消沉时，应该对他说些什么呢？

这时管理者应当陪伴下属，与他共情。可以对他说："你努力了那么久，真可惜，真不甘心！"

特别是意志比较脆弱的人，一旦失败，容易把问题看得过于严重。

"或许以后不会再有机会了。""我真没用……"

以前我在重要提案遭受挫折时，也曾经如此消沉过。

要想让下属摆脱消沉，就需要让他取得成果。

一味鼓励，没有成果，问题就得不到解决。

为了下次能取得成果，下属需要行动起来。

等下属心情平静后，管理者可以说："让我们一起回顾一下，看看对方想要的是什么。这样的话，下次就可以取得成果了。"

然后，A可以基于自己过去的经验，采用KPT法则，给下属提出建议。KPT指的是keep（保持）、problem（改进）、try（挑战），从这3个维度去审视下次的应对举措。

利用KPT法则进行分析

包括准备阶段在内，这次的提案必有可取之处。

首先，写出"keep"（保持）的点。

意志较脆弱的下属一旦出现问题，就会对问题进行不必要的夸大。因此，首先需要找出他做得好的地方。这个顺序务必不能颠倒。人在遭遇挫折时，都有一上来就寻求"改进"的倾向，结果可能导致负面的螺旋循环效应。

其次，写出"problem"（改进）的点。

此时，写出问题的目的并不是否定下属，因此，管理者不可以责备下属。

如果下属在这一步遭到责备，就只会说一些迎合管理者的话，改进也将流于表面。

为了让下属轻松地说出心里话，管理者可以一边用"是吗""确实"之类的肯定语句回应，一边倾听。

当下属的内在安全感得到保障，就会知无不言。

如果下属不能将一切和盘托出，就找不到问题的症结，那么，这次回顾也将流于形式。

最后，写出"try"（挑战）的点。

请下属给出下次提案需要注意的地方，管理者也可以提出建议。

在"T"这个部分，最关键的是吸取经验，并且在下次提案时务必敦促下属将这些经验付诸行动。

各步骤完成后，管理者可以用短句总结一下KPT。

"很遗憾这次项目失败了。不过，让我们复盘一下，看看下次怎么做才能取得成果。<u>这次的可取之处是什么（K）？哪些地方需要改进（P）？下次可以进行哪些新的尝试（T）？（O）</u>"

利用 KPT 法则进行分析，加上切实践行"T"部分，下属就能持续进步。

·········· 重 点 ··········

提炼过往做得好的地方，与下属一起审视下次应该怎么做。

22 我与下属沟通的频次不均衡，担心沟通较少的下属会有想法

对沟通较少的下属需要刻意勤问候

管理者的重要职责之一就是与下属沟通，但这并不容易。

假如管理者与下属的沟通不均衡，譬如，经常与某下属沟通，却与其他下属很少沟通，在下属看来，就是厚此薄彼的表现。

A 在一家大型渠道流通企业从事采购工作，他的团队中有一名下属 C。C 进公司不满

两年，每天就工作问题前来与A商量好几次。C的工作积极性很高，因此A对C抱有很大期望。

C在找上司商量前，经常会做好充分的准备，因此A也十分愿意跟他交流，只是有一个问题，那就是A对C太过热心，在C身上花了太多时间。

当然，这对于找A商量的C而言不存在任何问题。

下属工作认真，经常找上司商讨，这是好事。主管A也觉得自己的工作很有价值。

况且C进入公司不到两年，不懂的东西必定比较多。

这里出现的问题是一些下属不来与上司沟通。

当然，有的下属无须与上司商讨交流，也能独立判断，做出优秀的成绩。有的管理者或许认为"下属有什么问题都可以随时来问"，但是，有的下属由于性格原因，不善于与人沟通。

管理者不能将时间都用在某位或某些下属身上，需要注意均衡。

在本案例中，由于C对工作的热情，A与他的沟通多一些，这是在所难免的。但是，A也需要意识到其他下属的存在，注意与他们沟通。

管理者的提问方式可能会"把天聊死"

管理者需要注意讲话的方式。

在沟通时，管理者比较容易用**"最近怎么样？"（×）**与下属搭话。

这个问法看似关心对方，实际上对方很难回答。

这时，下属只能回答"我在努力"，结果一个来回，交谈就无法持续下去了。

在这种氛围下，下属即使有困难，也不会来找上司商量。

与下属搭话时，管理者可以先划出提问范围，提出的问题要让对方不能用"没关系""没问题"来回答，如：

"关于 A 公司的比稿，**你认为重点在哪里？(〇)**"

"下周月度例会上提出的策划案，**现在进展到什么地步了？(〇)**"

用这种方式提问，下属也容易回答。

与部分下属沟通较多的管理者请注意下面两点。

1. 在对方有事找自己商量时，一开始就规定好谈话时间

对于经常找自己商量的下属，管理者一不小心就会谈得较久。因此，当下属有事要谈时，可以对他说"现在我有点忙，下午 4 点我们可以谈 15 分钟"，将谈话时间限定在 15 分钟内。时间到了，用"就谈到这里吧"结束谈话。这种方式能让下属获得"被倾听"的满足感和认同感。

如果不限定时间，而是在下属讲到一半时突然打断，"啊，时间差不多了，该结束了"，下属会觉得没有被充分倾听而感到不满。

2. 认真回应下属的问候

对那些不常沟通的下属，管理者应主动叫出对方的名字，并且问候对方，如"早上好""你辛苦了"，一个小小的问候就能满足下属"被看见"的需求，下属自然容易与上司沟通。另外，**当下属问候自己时，管理者需要回应。**

这不是理所应当的吗，为什么还要在这里刻意指出这一点？因为认真问候他人的管理者的团队大多业绩出色，充满活力。

下属对上司的反应十分敏感。如果自己问候了，上司却不予以回应或只是简单敷衍一下，下属就可能觉得上司在生自己的气，或者感觉被漠视了。

有时，管理者在忙碌时，难免对下属的问候反应不过来，但是，如果因为心烦意乱或嫌麻烦而不回应，这是不对的。说一句"你辛苦了"只需一秒钟。因为吝啬这一秒而导致下属积极性下降的话，实在太不划算了。

对那些不爱找上司沟通的下属，**管理者需要刻意安排时间与他们谈话，这样能在团队中形成轻松沟通的氛围，下属也会乐意前来找上司探讨问题。**

·········· 重 点 ··········

下属不来找上司商讨本身并没有错，关键在于管理者是否平等对待下属，认真问候下属，以及及时、认真地回应下属的问候。

23 年长下属老挑我的"刺",让我觉得很为难
依靠年长下属,让他们再次发挥强大的战斗力

现在,讲究论资排辈的企业越来越少,企业中人员流动增多,因此,上司比下属年轻的现象比比皆是。En Japan 株式会社的调查显示,66% 的 30 ~ 50 岁的中年跳槽者在比自己年轻的上司手下工作。

A 是一家上市 IT 企业新产品策划部的管理者。他在还是新员工的时候就大显身手,获

得了社长奖，进入公司第4年就被破格提拔为管理者，成为公司最年轻的管理干部。

有的年轻管理者对年长下属持有"敬而远之"的态度。其实，**只要端正态度，正面与年长下属进行沟通，这些下属就会变成强大的战斗力。**

在A的团队里，有一位年长的下属C。C在工作中的表现虽然不错，但经常对A的工作指手画脚。有一次，A对C说："我想让您策划10个明年的新服务方案。"C听了，立刻反问："只追求数量就行了吗？"

其实，下属C的话很有道理，但没必要当众表现出来。他本人或许并没有与上司对着干的心思，但这种行为很容易招致误解。

或许，有的管理者会疏远C这样的年长下属。不过，这样的下属一旦归心，不仅能在团队中成为依靠，还能发挥出强大的战斗力。

从另一方面来说，一旦管理者与年长下属交恶，对团队将产生巨大的不良影响。

一个管理者与年长下属的关系是否良好,决定了团队是否能发生翻天覆地的变化,这么说也不为过。

此外,给年轻的管理者配备知识与经验丰富的年长下属,让其辅佐年轻的管理者,也是大多数企业进行这种人事安排的目的。

许多管理者为有年长下属而苦恼

有许多管理者前来咨询如何对待年长下属。不少管理者都为如何与年长下属相处而苦恼。

如果能顺利调动年长下属的积极性,管理者能节省工作时间。这些年长下属可以基于自己的工作经验向管理者提出建议,传授节省工作时间的方法,还能在管理者与下属之间起到协助指导其他下属的作用。

管理者的决策未必100%正确。如果有年长下属给出一些建议或忠告,将会十分可贵。有了这些年长下属,团队的工作效率也能提升。

我告诉管理者们,从"节省时间"的角度来看,也应该向年长下属寻求意见与建议。

因此，当对方提出的建议不太中听，管理者无须立刻否定或辩解，而应**给出肯定的回应："感谢您的意见。"**

如果年长下属说了一些刺耳的话，管理者也不必反驳，**"您说的我都知道，请先管好自己的事"（×）**，而是对下属表示感谢，**"谢谢您的建议"（○）**。接不接受这些建议则是另一码事。

只要对年长下属说"希望您能尽量多提意见，我需要您这样经验丰富的人的协助"，年长下属就会为了上司而行动。

年长下属希望被需要、被依靠，他们很少得到夸奖，人们经常把他们当作"脓肿"，小心翼翼地对待。

对这一点他们本人也有觉察。他们觉得没有容身之地，希望被认可。所以，可以请他们扮演管理者与其他下属之间的"桥梁"。

对他们，**管理者可以直截了当地说："请不必顾虑，多提意见。"**

在业务方面，也有团队成员反映，与管理者相比，同为一线人员的前辈说的话更令人服气。

一般来说，当年长下属感到自己被需要、被依靠时，大多会说"好的！我知道了"，然后出手协助。

在年长下属看来，管理者只有在请自己帮忙时才看起来不那么趾高气扬。**在被需要、被依靠时，这些下属会感到喜悦。**

当顶头上司比自己年轻时，下属很容易感到不安，担心自己的存在是否会成为上司的绊脚石，因此感到有威胁，害怕自己没有容身之处。

因此，他们小心地隐藏起这些不安与恐惧，虚张声势，以求不被轻视。

那些顶撞上司的年长下属不过是在虚张声势，以保住自己的一席之地。其实他们很希望做一些贡献，只是笨嘴拙舌，对年轻的上司很难坦然陈述。因此，管理者应当主动靠近他们，体谅他们，好好对待他们。

·················· **重 点** ··················

　　年长下属的内心也会不安。有时，即使他们的意见难听，也应对他们表示感谢。

24 | 不肯听别人意见的下属让我感到左右为难
指出目标方向，鼓励下属找出答案

- 尽管工作方向不对，进展也不顺利，却不愿接受别人的指导。
- 不知是因为自信还是固执，总之不愿意改变自己做事的方式。
- 对别人的建议，有时从情感上不愿接受，为了反对而反对。

对于上述这些不肯听别人意见的下属，管理者应该如何指导，让他们回到正确的方向上来？

C在一家年销售额达数十亿日元的IT企业的促销策划部工作。有一次，他花了不少时间准备的方案在公司内部会议上没有通过。

之前，主管A已经发现，如果C能多花点工夫，准备充分一些，做出的方案必然能更快抓住别人，更有说服力。

然而，C不听劝告，固执己见。他坚持自己的观点，却把握不住决策者的需求，结果方案偏离了重点。

当时，A想纠正这个错误，于是告诉C："**你只要这么做，方案就能通过。**"（×）

然而，C并没有改变。

因为，他是一个不愿按别人吩咐做事的人。

鼓励下属听取他人的建议

在本案例中，**管理者只需要让下属体会到不听别人意见的坏处即可。**

A 可以立即问**"你认为怎么做方案才会通过"（○）**，引导 C 主动思考，找出答案。

不出所料，C 果然找不到答案，这是必然的。

因为 C 不了解目标，不清楚怎样才能让方案通过，因此即使说出答案，也会有偏差。

C 也似乎察觉了不听他人意见的坏处，问道："那么怎样才能让方案通过呢？"

这时 A 才给出建议："决策者关心的是投资额与收益预期，因此需要对最大风险进行预估，并且提出有力的数据佐证，这是方案通过的关键。"

C 听从了这个意见，提交的方案不再偏离重点，结果通过了。

再有，下属通过了解重点，将时间集中在重点上，还可以减少加班，改进工作表现。

C 深深地体会到，不听别人的意见一味单干存在巨大的害处。现在，C 经常告诫后辈："如果抓不住需求，方案提了也白搭。还是要多听前辈的意见。"

对于不肯听别人意见的下属，不必强调听意见的好处，而是**让他体会到不听意见的坏处**，下属就会自动发生改变。

······················ **重 点** ······················

通过让下属自行思考，让他意识到听他人意见的重要性。

25

下属不经上司批准擅自行动，结果失败了，我应该生气吗

通过表达"遗憾"和"难过"，让下属意识到自身的错误

管理者对那些不喜欢汇报而喜欢擅自行动的下属常感担忧。因为，管理者不喜欢在自己不知情的状况下出现麻烦。

一旦在管理者不知道的情况下发生问题，管理者存在的价值就可能被质疑，还可能影响管理者自身的考评。

更重要的是，下属擅自行动是一个问题，

管理者必须加以纠正。

话虽如此，但如果管理者动不动就问下属"你现在在做什么"，那也太荒唐了。

没有人希望问题发生，不过，问题发生的时候也正是纠正下属行为的良机。

那么，应该怎么做呢？

C在一家大型旅行社的销售部门工作。一天，大客户E委托他预订酒店宴会厅。不巧的是，当天神户市内正在举办研讨交流会，市内所有酒店的宴会厅都被订满了。

E是一位重视效率的人，而且他常常对C说："贵公司经常急我所急，真是帮了大忙了。"

因此C要求预订部寻找近郊地区的酒店。

问题是C越过了上司与预订部负责人，直接吩咐预订部的人"赶紧找一找"。

像这样下属不与上司商量，擅自安排，比如"越权做出决定""调动大量人手""越权跨部门提要求"等，后续工作将会出现问题。

为什么下属会擅自行动？

成为一名会批评人的管理者

像C这样擅自决断的下属认为，对方是公司最重要的客户，而且自己追求做事效率，如果事事找上司商量，只会浪费时间，还不如立刻行动。

对于这一类型的下属，就得像第1章中对不中途汇报的下属一样，**必须告诉他们"商量"的好处**。管理者可以说："早知道你找我商量商量就好了，其实可以用这个办法处理。"

不过，在此之前，管理者需要做一些工作。

管理者需要批评下属"不来报告"的行为。否则无法对其他下属形成警示。

假如这次不批评C，其他下属或许也会有样学样，到时再批评，他们难免感觉不公。

与其发火，不如告诉下属自己"难过"的心情

在这种时候，责备下属**"不沟通就擅自行动是违反规则的行为"（×）**是没有多大效果的。

尤其是那些能干的下属，他们只会觉得"被警告了"。

重点在于让下属对自己的行为感到抱歉。

"C先生，我很信任你，（你竟然没来报告）**真是太遗憾了。如果你是领导，下属这么对你，你会怎么想？（〇）**"

其实，管理者对"下属不来报告"的愤怒当中，本来就隐藏着伤心、难过、孤独、后悔、不安、担忧、疑惑等种种情绪，以及"被理解"的期望。

可是，愤怒本身是一种极为强烈的情绪，因此这些隐藏的情绪很难被察觉。在管理者自己还未察觉时，整个人就已被愤怒情绪占据了，无法表达自己"被理解"的期望。

当这些愤怒在言行上呈现出来时，在下属看来，只会觉得"上司发脾气了"，很难了解管理者隐藏在愤怒背后的想法。

因此，管理者需要告知下属，**对他不报告便擅自行动的行为感到遗憾**。这么一来，像 C 一般擅自决定的下属就会反省，认为甩开上司、擅自行动是不可取的。

后来，遇到超越权限的业务，C 都能事先报告，管理者不必再提心吊胆，与其他部门的关系也好转了。在遇到困难时，其他部门也能迅速做出响应。

假如人际关系牢固，就能解决"擅自行动"的问题。因此，管理者必须让下属明白自己是信任他的。在批评下属时，不是单纯发火，而是让下属意识到"自己辜负了上司的期待，做了错事"。

·················· 重 点 ··················

管理者需要通过表达自身的感受，让下属反省。

26 | 怎样才能使下属更积极主动
从"控制型领导"转变为"支持型领导"

下属能够按照指示完成工作固然很好,但有没有办法让下属更加积极主动?

A是一家大型服务业企业产品策划部的负责人,个人业绩出色,他颇受大家的尊敬,是一名喜欢发号施令的"控制型领导"。

"控制型领导"认为自己才是工作的主角,下属应该按照自己的指令行事,因此他喜欢用下命令的方式让下属行动。对下属而言，跟随这种管理者，工作起来很轻松，因此在这种类型的管理者的团队中，大多数下属只会按吩咐工作。

A如果不把工作更多地授权给下属，下属将得不到成长。因此A的上司希望他在这方面做出调整，于是A参加了我的培训。

我向他推荐的是"支持型领导"。

"支持型领导"就是成为所谓的"仆人式领导"。

"支持型领导"指在尊重每位下属的独立自主性的同时促进其成长。

下属是主角，管理者应发挥辅助作用。下属是明星，管理者是制作人。控制型领导把自己视作主角，仆人式领导的思维方式正好相反。

支持型领导为下属提供服务，下属感到"上司肯把任务交给我"是一种荣幸，因而对管理者心存感激，乐意为管理者贡献。

为此，**管理者需要尽量少地让自己在业务中处于主导地位，多将工作交给下属**。管理者手中的一线业务越少越好。我建议A对下属说"我会从旁辅助你的，这项工作以你为主"，有意尽量不亲自动手。

其实，A已经在授权了。

前一阵子也是如此。A把工作交给下属C。这位下属平时总能一丝不苟地按他的吩咐完成任务，他十分放心。A告诉C，这次的工作以他为主，让他制订明年的产品规划方案。

当时，为了调动C的积极性，A对C说<u>"你可以按照自己喜欢的方式去做"（X）</u>，把工作完全交给了C。

然而后来，当A询问C的工作进展时，遗憾地发现C完全没有主动推进策划工作，结果没有完成这个规划方案。

只把自己放在"辅助"的位置是不行的

为什么C不能自主推进策划工作？

事实上，支持型领导很容易令下属产生误解。管理者时刻处于辅助下属的角色并不都是好事。

即使是支持型领导，有的时候也需要站在前方，对下属起到引导作用。

例如，管理者不能笼统地吩咐下属"制订明年的产品规划方案"，而需要指明大概框架，如"规划与东京奥运会相关的主题产品"或"基于环保理念的产品"等。

对C来说，这是第一次主导工作，所以管理者应该告诉他大致的方向和框架。

另外，如果C进展不顺，管理者也需要适时拿走他的工作。

从下属手中拿走工作，下属或许会感到失落。不过，下属的工作进展不下去时，管理者可以对下属说**"这项工作全部交给你尚为时过早。(〇)** 我来安排，你照我说的去做"，然后拿走他的工作。

只是，前提是需要对下属好好说明理由。

管理者进行主导，让下属辅助。时隔不久，再给下属主导工作的机会。

重点在于千万不能在拿走下属的工作后就没了下文。管理者可以拿走下属的工作，但要有时间限制。

即便相同的工作，主导者和辅助者所站的位置不同，看到的"风景"也不同。通过更换立场，下属将获得启发。

当下属主导工作时，管理者坚定地给予支持即可。

这种方式看似粗暴，但比起将事情全部交给下属，下属的成长速度更快。

·············· 重 点 ··············

让下属在交替体验主角和配角的过程中快速成长。

27 下属对工作不情不愿，工作表现一直无法改善
让下属自愿工作的 3 个要点

 从安排"工作"的角度向下属强调公司利益

 从安排"人"的角度告诉下属从事该工作的好处

某销售团队的主管 A 让一位连续 8 个月完成销售目标的下属 C 修订运营手册，以便将 C 的成功经验推广给其他成员。C 很喜欢一线工作，对制作手册之类的案头工作不感兴趣，而且，这件工作会占用他的销售时间，对他来说更是痛苦。为了这件事，A 开了好几次会，让 C 产生了被迫感。

管理者需要激发下属的工作意愿。当一个人觉得被迫工作时，工作表现不可能优秀。

A 来参加培训，前来咨询此事。我感到他的团队中似乎存在不少类似的被迫工作的下属。

下属呈现出"被迫工作"的状态，主要有以下 3 个原因。

1. 觉得该工作没必要

A 在安排这项工作时，对 C 说**"这个工作能提升团队水平""能用来培训新员工""能提升公司的销售额"(×)**，所讲的都是对公司有利的一面。

此外，A 天天都在强调这些理由，希望通过讲述理由，让 C 感到自己被委以重任，从而提升积极性，自愿接受该工作。

在安排工作时，向下属说明"为什么"（why）的确是对的。但是，就本案例而言，遗憾的是下属不会发生任何改变。

像这样一味诉求公司利益，C 会认为"这个工作不一定非我不可"。

这时，管理者需要告诉 C "为什么要交给你来做"。

就本案例而言，A 可以说："我希望在团队中普及你的销售经验，所以希望你来修订这本手册。"另外，如果知道下属的未来职业发展方向，还可以对下属说**"对你未来成为销售培训师会有帮助""你不是对人事工作感兴趣吗"（○）**等，从"这件工作有助于你的未来发展"的角度去安排。

当下属从个人角度明确了做该工作的理由，就会把它当作"自己的事"。

2. 没有自由行动的空间

如果管理者制定好所有细节后才将工作交给下属，那么，他需要的就不是"工作"，而是"操作"。

"工作"与"操作"的区别在于是否能让下属在行动时加入自己的想法。

因此,管理者需要为下属留下"工作"的空间。管理者可以说:"在我总结的这些要点之外,你可以按照自己的想法去做。"这就是给下属留下自由行动的空间。

3. 没有适时给出反馈

在安排一些下属不太"感冒"的工作时,管理者需要适当地给予正向反馈,这也是提升下属积极性的办法。单靠表扬下属无法让其成长,这一点在本章的"发现并发挥下属的优点,如实告知下属现状及其问题"一节已进行了阐述。不过,对满是被迫感的下属,单靠鞭策激励,只会得到相反的效果。

主管 A 称赞下属 C:"你很努力,以后请继续加油。"管理者夸赞下属努力自然是一件美事。

不过,在一个有思想的下属看来,管理者在夸奖的同时如果不具体说清哪个部分干得好,这些话就不像"表扬",更像"讨好奉承"。

因此,**称赞下属的同时,需要告知对方理由。**

只要注意以上 3 点，C 的被迫感就会消失，自愿从事分派的工作。

因为是自愿，不但手册做得更精致，完成时间也比预期提前了一个星期。

管理者常以"为公司""为部门"之类的理由给下属安排工作，但往往并不顺利，这些理由难免使下属产生"为什么非我不可"的感受。

因此，**管理者需要告诉下属"我想交给你做"，并且明确把工作交给下属的具体理由。**

·········· 重 点 ··········

在给下属安排工作时，不从公司利益出发，而是告知对下属本人的好处。

第 4 章

28

不属于社交软件上的负面语言的引发关注是一个高频信号

对令人提心吊胆的下属可以这么讲

28

下属在社交软件上的言论很可能给公司带来不良影响

下属在社交软件上的负面言论开始引发关注是一个危险信号

 查看下属的社交软件并提出警告

 审视下属的动机，消除其心中的不满

据 ICT 总研调查，在日本，社交软件用户已经超过 7500 万人。日本的总人口为 1.26 亿人，也就是说，半数以上的日本人在使用至少一种社交软件。

在令和年代，社交软件的力量更不可小觑。

社交软件虽然方便，可若使用不当，就会产生问题。

要么泄露产品研发信息，要么本意只是发一条"今天又加班干到深夜"之类的信息给自己打气，却让他人对公司产生"黑心企业"的不良印象，乃至给公司的人才招聘带来负面影响。

更有甚者，有的企业还因为员工发布不当消息或视频，被逼进破产或倒闭的绝境。

这些绝不是"别人家的事"。所以，越来越多的企业制定了社交软件的"使用须知"。

有的企业对个人社交软件进行管制，不许员工使用社交软件。因为害怕员工公私不分，所以只能从"限制"的角度去思考。

然而，就算进行合理限制，但是对员工个人行为一一监视，只会给企业带来过多负担。

因此，对社交软件的使用只能凭员工自觉。可是，从企业危机管理的角度来看，这个问题需要关注。

管理者也不能忽视社交软件。不过，假如管理者刻意提醒或警告员工**"别在社交软件上发表负面言**

论"（X），就有可能被视为侵犯个人隐私。

同样，ICT总研调查显示，使用社交软件的原因的前三位是"了解熟人的状况"，占39%；"与他人发生联系"，占36%；"让别人了解自己的近况"，占22%。

在社交软件上发布消息的人希望自己的消息被人看见，尤其是发布负面消息的人，他们其实希望别人知道自己对现状不满。

社交软件上的消息大多是一时冲动下的产物，因此往往是下属的心里话。

下属发布"我在加班"的消息，其实是在表达自己心中的负面情绪

管理者通过发现下属发布的消息中隐含的负面含义，可以发现下属的不满或苦恼。有些消息中的负面含义很明显，有些则比较隐晦。比如，有的消息看起来像在自我表扬，如"我在加班"之类的话，其实大多数是在表达不满。

在这里，我说明一下哪些消息是危险的信号[一]。

1. 充实

SNS："今天又加班到很晚，我工作得很充实。"

心里话："我负责的工作太多了。"

"充实"这个词语，隐含着强打精神的意思，就好像"现充"[二]这个词一样。"很晚"这个词也是个危险信号。其实，这个下属在隐晦地表达"工作太多了，想早点回家"。他想表达的是**"我被留在公司加班到这么晚"**，更要紧的是他公开发布这个消息，有时会给企业带来被指责"违反法规"的风险。

2. 我很努力

SNS："我们科很努力。"

心里话："其他科很轻松。"

[一] 以下直接用"SNS"代表下属发布在社交软件上的话。——译者注
[二] 日本网络流行语，指"现实生活很充实"的意思，与宅在家的人或"家里蹲"形成对比。——译者注

"我很努力"是一句危险的话。

可以说,当下属发布这条消息时,心中常怀有巨大的不满。

假如一个人在努力的过程中身心平衡,他是不会发布这类信息的。

3. 我没睡觉

SNS:"这个星期每天只睡 3 个小时。"

心里话:**"我这么勤奋,却得不到认可。"**

当下属发表这类言论时,其实是在强打精神,说明其身心已疲惫至极限。当然,有时也可能是在自恋:"瞧,我这么勤奋。"需要注意该员工是否已经身心疲惫。

4. 很辛苦

SNS:"应付投诉很辛苦。"

心里话:**"成天被客户责骂真的很辛苦。希望上司**

跟进一下。"

"辛苦"之类的词语，其实是**"渴望得到他人关注，希望获得帮助"**的信号。

如果一个下属直接在社交软件上表达"糟糕""辛苦"，则表示他已处于相当不满的状态，特别是那些平日不太抱怨或发牢骚的下属，就更需要对其加以注意。

5. 泄露公司秘密

SNS："库存堆得像山一样，到底该怎么处理？"

心里话：**"库存那么多，这家公司让我烦死了。"**

在社交软件上发布企业内部机密信息属于违规行为。

近些年企业关于防止违规的培训比较多，员工应该学习了不少相关规则。可尽管如此，下属还要发布企业的内部消息，说明其身心已经相当疲惫，甚至可能在考虑辞职。

一旦管理者看见类似的消息，应尽快与下属面谈，询问对方有什么困难或不满。

大多数情况下，只要管理者主动关心，下属的不满就会被消灭在萌芽状态。

如果是负责检查违规行为的人员还好，但作为团队管理者，仅用"监视"的心态对待下属发布的消息是不够的，**管理者还需要解读下属发布负面消息时的内心活动。**

在不满尚处于萌芽状态时及时消除——针对下属的不满及时采取措施，这也是社交软件带来的好处。

下属在社交软件上发布的负面消息开始引人注意，其实是他在工作上发出的呼救。可以说，这是了解下属的良机。

当发现第1种情况，即下属在社交软件上抱怨回家太晚时，管理者可以表示慰问："最近你工作到很晚，真的非常感谢。只是，一直这么晚的话，我也担心你的身体。"

然后说："是什么导致你干到这么晚？<u>**我想与你一**</u>

起想想办法改进状况。是什么都没关系,可以告诉我吗?(〇)"用这种方式询问下属,下属比较容易说出心里话。当发现第 2 ~ 第 5 种情况时,只要更换"是什么导致你干得这么晚"的部分,直接套用同样的说法即可。

不窥探下属的隐私,而是将社交软件上的消息当作下属积极性的晴雨表,这才是管理者对社交软件的正确态度。

·················· 重 点 ··················

社交软件是反映下属不满的镜子。只要消除了下属的不满,负面消息就会逐渐消失。

29

我告诉下属需要改进的地方，对方嘴上说"知道了"，其实并没有听进去

对害怕被否定的下属提建议时，需要同时加以表扬

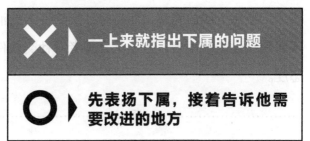

有的下属说自己"从小被表扬长大""希望发挥自己的长处"，有的人也的确提倡不必过于关注下属的缺点，而是让其发挥优点。

不过，一味让下属发挥其优点，下属很容易认为维持现状也无所谓，从而陷入自我满足、安于现状的状态，这并非真正为下属着想。

下属难得肯发挥优点，值得获得更大的发展。因此，管理者必须帮助下属面对缺点。

让持有戒备心的下属改变的方法

C是一家全国性连锁超市的商品研发人员，他满怀自信，认为自己很能干。特别是对基础业务，他非常有自信，工作完成得又快又好。

他就是人们常说的"操作指南一代"。

所谓"操作指南一代"是指能够按照操作手册完成工作，可一旦出现意外，就缺乏灵活应变的能力。

前些天，C分析了竞争对手的信息，在会议上进行了汇报。不过，他的分析还需要更深入。

有自信是好事，但在C的上司看来，C本可以做得更好，所以他希望C能更深入地学习调研及分析问题的办法。

C很有自信，同时很怕被人否定，这是他的特点。

因此他戒备心很强，生怕别人对他提出意见。

怎样才能让这类下属改变自己的行为呢？

在这种情况下，如果管理者猛然告诉下属需要改进，下属很可能会用"我晓得"来搪塞。

首先需要解除下属的戒备心。

管理者可以先表扬下属，**再告诉他需要改进的地方。**

用这样的方式使下属进入"准备接受他人指正"的状态。管理者可以在表扬的基础上，建议其改进不足。

还有，当管理者希望下属改进不足时，不要说**"你不会做什么"（X）**，而采用放眼未来的方式说**"如果你能做到某事会更好"（O）**。

就本案例而言，C的上司可以建议："小C，你前些天在会议上报告时用的图表让人一目了然（夸奖），如果还能够XXXX就更好了。"

为了让下属成长，管理者必须指正其行为。

或许下属当时会不高兴，但将来一定会感谢上司。

身为管理者的你，过去不也是在上司的指正下成长为今天的模样的吗？

让我们成为日后受到下属感激的管理者。

C后来学习了调研方法，制作的报告观点新颖独到，获得了好评。如今，他十分感谢当时的上司："幸好那时上司指出了我的缺点。"

另外，为了弥补自身的不足，他还积极参加培训，时刻提升自我。

对那些不喜欢被否定的下属，如果一上来就指出其问题，他就会变得消沉。因此，需要通过表扬，使对方进入较易接受意见的状态。还有，本章一开头就质疑用表扬激励下属的办法，一味表扬下属，的确容易产生副作用，请务必注意。

·················· 重 点 ··················

对于一被指出问题就紧张的下属，需要解除其防备，然后再告诉他改进的建议。

30 希望轻言放弃的下属能坚持到底

设定只要努力就能达成的目标，下属就能坚持到底

 设定容易达成的目标

 设定稍微有些难度的目标

主管 A 的下属 C 进入公司已经快 3 年了。这位下属经常对自己提出高目标，但总是半途而废。A 感到十分苦恼，不知怎样才能让他坚持下去。

C 在策划部门任职，上年的年度目标是 8 个策划方案获得通过，中间目标是写 30 个策划方案。

上年年末,他完成了30个策划方案,其中2个获得通过。

他的年度目标没有完成,但中间目标完成了。

虽然中间目标完成了,可是年度目标没有完成,也不能算成功。

当然,下属实现了中间目标,管理者对此应当加以肯定。但是,没有实现年度的最终目标,这需要在新的一年里纠正过来。

A与C进行了一对一谈话,回顾了过去一年的工作,讨论了新一年的应对举措。

然而,谈到一半时,C似乎放弃了让方案通过的年度目标。A说:**"想办法多提方案,哪怕只完成中间目标也好。"**(✗)他希望通过创造成功体验,提振C的士气。

诚然,过程很重要。但是,无视最终目标的过程是没有意义的。

那么,A应该如何让C不放弃最终目标呢?

在本案例中，A 为 C 设立的最终目标存在问题。

目标设定错误

工作按照难易程度，可以划分为"舒适区""挑战区"和"混乱区"这 3 类。

"舒适区"的工作指的是一个人按照当下的能力和技能，100% 能完成的工作。

"挑战区"的工作指按照其过往的工作方式较难完成的工作，但是通过向其他有经验的人讨教，与别人商量，改变策划方案的制作方法，多用些时间还是可以完成的。

"混乱区"的工作指按照既有的做法，哪怕稍加调整也完成不了的工作。比如，完全没有时间写方案或没有人达成过的高难度工作，都属于这个范畴。

本案例的最终目标是让方案通过。在这个维度上，让 2 个方案获得通过属于"舒适区"；4～5 个则稍有些负担，进入"挑战区"；通过 6 个以上则进入了

"混乱区"。

该部门方案通过率最高的10年老员工H，一年也不过通过6个方案。就本案例而言，C一年需要通过8个方案，这对他而言就是属于"混乱区"的目标。

在设立目标时，人们总会不知不觉地朝着宏伟的方向去想，似乎目标越大，感受越好。因为目标越大，一想起来就越兴奋。

许多人都相信一句老话："瞄准月亮射击，就算射不中，也能打下旁边的星星。"但现实并非如此。

当然，下属愿意挑战高目标是出色的行为。但是，如果目标处于"混乱区"，下属一旦遭到挫折，就会轻易放弃，有时反而起到反效果，离需要达成的目标越来越远。

因此，当下属提出的目标处于"混乱区"时，管理者不但不应夸他"有挑战精神"，还需要告诉他"不要设立虚高的目标"，建议下属将目标调整至需要稍使点劲儿才能够得着的"挑战区"。

在这个基础上，即使设立了"提交方案数"之类的中间目标，也不过是为了实现最终目标而制定的指标，不论是否达成，管理者都需要告知下属<u>**"目标只有一个，就是年度目标"**</u>(○)，堵住下属利用中间目标来逃避的退路。

另外，如果年度目标设定在"舒适区"中，管理者也需要建议下属调整数字，将目标设定在具备一定压力的"挑战区"中。

当目标设定在需要承受一定压力才能达成的范围内后，C终于在下半年度坚持到了最后，达成了年度目标。

一旦目标难度太高，下属的积极性就会遭受挫折，而目标太简单，又无法促使下属成长。**管理者必须时刻明察秋毫，把握下属达成目标的能力，时不时地进行纠偏与指导。**

·· 重 点 ··

设立有一定压力的目标，不给下属留下"中间目标"之类的退路。

31 对抗压能力较弱、一失败就请假的下属,我该怎么办

对动不动就请假的下属,需要纠正其"放大失败"的思维方式

有的下属一遇到失败就会过分沮丧,备感压力而请假,你是否也在为有这样的下属而烦恼?

主管 A 的下属 C 进公司不满两年。C 是一个工作认真的人,一遇到事情就会因为过度思虑而消沉。

前些日子,C 在会议上汇报业务。当被问到风险有多大及对此有何准备时,C 因为事前

没有准备而回答不上来，结果被A的上司——部长B严厉批评"准备不充分"。

会议结束后，A为了让C振作起来，主动前去安慰："回去好好准备，下次会议再来。"

C听了却自卑地说："我不行。别人都准备得那么仔细，我太没用了。"

过去，每当因出错而被其他部门的同事批评，C常消沉地说："连这点小事都做不好，我真没用。"

A心想："糟糕，又来了。"结果不出所料，因为过度沮丧，C第二天以身体不舒服为由请假了。

A觉得C已经陷入了消沉状态，不应再给他安排有压力的工作，以免情况恶化，于是对C说**"ＸＸ业务很辛苦，你不要做了"（Ｘ）**，只给他安排一些不易出错的简单工作，希望能帮他消除压力。

A虽然是好心，但这么做对C并无好处。

不给C一些有压力的工作，他永远成长不起来。

任何工作或多或少都有一些压力，管理者必须鼓励下属"尝试挑战性工作"，让下属做一些有难度的事，**使其正视压力，克服困难，提高抗压能力**。

一个人如果一直逃避压力，其抗压能力就永远无法提高，也克服不了困难。A 应当继续给 C 安排有压力的任务。

然而，如果给了压力，下属的抗压能力却没有提高，这种安排就会失去意义。

那么，怎么做才能提高下属的抗压能力呢？

告知下属补救并不困难

抗压能力较弱的人容易将问题"扩大化"。

- 明明只出过一次错，却觉得自己会再次出错。
- 明明只是在会议中提案不顺，却觉得自己"所有事都干不好""缺乏工作能力"。
- 明明只是受到部长的严厉批评，却认为人人都觉得自己不行。

这类下属容易夸大事实，将事态想得过于严重。

因此，他们很容易陷入消沉并走不出来。

在本案例中，A应当做的是纠正C将问题扩大化的思维方式，避免C过度消沉，然后告知其补救的办法。

如果下属陷入消沉，管理者可以先问下属："这种事发生的概率有多高？"避免下属将问题扩大化。

然后说"试着挑战一下ＸＸ工作"（〇），提供补救建议。

这时的重点在于，管理者需要强调"只要改正这个地方就好""事情是能够挽回的"，告诉下属补救并不难。

只要纠正将问题扩大化的思维习惯，抓住重点，发现改正并不困难，抗压能力较弱的下属就会发生较大的改变。A也可以再次给C安排压力较大的工作。

后来，C受到了好几次挫折。每当这时，主管A都告诉他"这次是这里出了问题，只要改正这个地方就可以了"，尽量不让他对失败进行扩大化。

在重复实践的过程中，C不再像之前那样，陷在失败的情绪中走不出来。

面对容易消沉的下属，管理者需要安排一些有压力的工作，提升其对压力的"免疫力"。

关键在于当下属遭受失败的时候，管理者要告知下属补救的办法，避免其将失败扩大化，陷入无谓的消沉。

·············· 重 点 ··············

给下属一些压力并非坏事。为了避免下属陷入无谓的消沉，向他强调补救并不困难，并且提出建议。

32 | 怎么才能让下属多考虑团队，少考虑自己
帮助下属换位思考

有的下属虽然只顾自己，但只要能完成目标，管理者也无法挑剔。

但是，既然在组织中工作，管理者总是希望成员们能具备一定的团队意识。

因为，**只有"为他人着想及行动"的组织，才能形成牢固的团队精神。**

A在一家大型食品厂任职，手下有一名下属C。C是匠人型人才，只要是自己决定的事，一定会坚持到底。A希望C为集体做一件工作，于是对C说："希望你收集一下大家的意见，反馈给市场部。"

C却说："这不是我的责任，我为什么要做？"

C更愿意专心做好自己的工作。而且，C十分讨厌加班，认为工作应该在工作时间内完成。

C是一位对待工作一丝不苟、表现优秀的下属，在业务方面没有任何问题。

身为主管的A感到十分烦恼，怎么才能让C这种类型的下属拥有团队意识呢？

在C看来，上司吩咐自己"为团队做一些工作"，其实那是管理者应该承担的责任。

C认为自己认认真真地从事本职工作，也做出了成绩，工作上不但没出状况，还为团队做出了贡献。

但是，管理者总是期望下属能拥有"全局最佳"的意识，而不只是"局部最佳"。

于是，A 告诉 C 为团队付出的好处：**"你知道吗？为团队着想与付出，或许能得到好的评价。"（×）**

管理者期望团队业绩提升。在管理者看来，C 只要知道了让团队业绩提升的方法，就会明白自己该做什么，紧接着产生行动，这样考评成绩自然会提升。

然而，C 对此似乎一点也不动心。

在本案例中，重点在于促使 C 转变视角，从其他同事的视角或立场思考问题。

例如，管理者可以这么问：**"如果换作你是年轻同事 E，你会希望前辈 C 教你什么？"（〇）**

一旦把"别人的事"换作"自己的事"，C 就很可能行动起来。

后来，C 意识到了团队合作的重要性，工作质量变得更高了。

或许有的人会为"好处"所动，但对于不在乎评估的人来说,"好处"并不能打动他们的心。**比起告知对方好处,不如引导对方转换视角,从他人的视角思考问题。**

·················· 重 点 ··················

不要企图用好处打动下属,而是让下属改变视角,进行换位思考。

33

对于不懂拒绝的下属，怎么才能让他从"不敢拒绝"中解放出来

不要求工作超负荷的下属"鼓起勇气"，而是教他拒绝的方法

F入职一家大型信息系统研发企业一年多了。他从事的是系统工程师的工作，也是团队中年纪最小的成员。

同部门的前辈G在3月初有一个大项目，于是找F帮忙。

F也是其他项目组的成员，手头工作比较多。尤其G的项目需要经常修改，很可能要花

大量时间。

但是，F不敢拒绝前辈的要求，于是接受了工作。

越认真老实的下属，越不敢拒绝别人委托的工作。

主管A为了让F摆脱这种"不敢拒绝"的心理，对他说**"拒绝别人并不是坏事"**（X），但F仍是老样子。

也难怪，拒绝别人是需要勇气的。

告诉下属拒绝的方法——使用DESC法则

在这种情况下，怎样才能让F学会拒绝呢？

管理者可以告诉下属"不伤害对方感情的拒绝方法"。

"信念表达法"（assertion）是始于美国的一种沟通方式，能同时实现对自己及他人的尊重。

当想表示拒绝，又担心无法准确表达自己的心情，或者需要明确表达自己的感受、想法的时候，信念表达法是一个十分有用的技巧。

而"DESC 法则"是这种方法的应用原则。

- D：describe，客观**"描述"**当前的现实状况。
- E：explain，从主观角度**"说明"**该状况下自己或对方的感受。
- S：specify，对对方的期待提出针对性的**"解决建议"**。
- C：choose，思考自己的**"选择"**，考虑在对方同意或不同意的情况下分别如何回答。

譬如，F 手里工作太多，想拒绝 G 的要求，这时他可以使用 DESC 法则。

- D：现在，我的时间已经给了某公司的项目。
- E：这个项目会一直持续到 6 月，之后我可以帮忙。
- S：我可以参加 7 月后的项目，这次请您另找别人。
- C：(当 G 说"好的"时) 那么，请您到时多多关照。(当 G 说"那太迟了"时) 那么，我需要跟主管商量一下。

DESC法则强调不是一上来就告诉对方自己的意见，而是先用"D"——描述现状，与对方确认接受工作的前提条件，以使对方不误会自己"自私"，并且提前做好被拒绝的心理准备。

另外，"S"的针对性建议也是根据对方的现状提出的，多数不会惹对方讨厌。然后推测对方大致会说"是"还是"不"，分别想好如何回应。这样一来，即使对方不赞成自己的建议，自己也不会难堪。

管理者可以教导下属**根据DESC法则事先准备好"剧本"**（〇）。

即使对下属说"要勇敢些"，下属也很难做到。

但是，**教给下属DESC法则这一实际可操作的拒绝方法，就能大体上帮助下属克服"不敢拒绝"的心理。**

不过，这种方法不一定能解决所有问题。即便如此，事先准备好应对的"剧本"，下属的不安也会消失。

管理者可以告诉下属，以对方不肯妥协为前提预备"剧本"。否则一旦出现应对不了的情况，下属就有可能被对方的气势压倒，打回原形，被对方牵着鼻子走。

刚开始，下属或许"写"不出巧妙的"剧本"，尽管如此，管理者还是应该尽量让下属自己思考。

逐渐地，下属会养成事先预备好"剧本"的习惯。随着一次又一次练习，下属的洞察力就会大幅提升。只要能把握对方的需求，下属的拒绝方式就会变得越来越巧妙。

让下属"鼓起勇气拒绝"是一件难事，因此管理者应该告诉下属预备好"拒绝的剧本"，避免工作过度集中在自己身上。

重点

不告诉下属"要坚定自己的意志"，而是提供解决方案，使他学会如何拒绝。

34 怎样让不常发表意见的下属在会议中积极发言

对敏感的下属，不要求其发表正确的意见

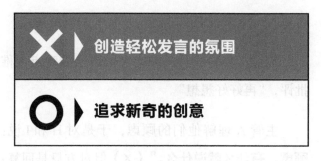

在这里我想谈一谈关于头脑风暴会议的话题。

头脑风暴会议是指以集思广益、思考创意为目的的会议，被普遍认为是突破固有思维框架、产生全新创意的有效方式，简称"头脑风暴"。

A 是一家国际型厂商的生产管理部负责人。他的苦恼是在头脑风暴会议中，"入职一年多的下属 H 和新员工 I 不发表意见"。

前些日子，A 召开了一个关于业务改善的头脑风暴会议。然而，会议中仍然只有老员工 C 和 E 发表意见。

在 A 看来，C 和 E 拥有丰富的知识经验，平时就有较强的业务改善意识。他们的意见固然很有帮助，但他希望听一听来自 H 或 I 这些年轻人的新鲜观点。

不过，年轻成员或许会害怕自己的观点太稚嫩而被批评，"再好好想想"。

主管 A 理解他们的顾虑，于是对 H 和 I 说：**"不必顾虑，有什么就说什么。"（ X ）**但对方只是回复："不必在意我。"

怎样才能让年轻的下属积极发言呢？

管理者的反应是关键

诚然，在年轻下属中也有乐于积极发言的人，但不少下属因为害怕被否定而不敢发表意见。

头脑风暴会议优先考虑的是获得尽可能多的创意，所以有"不允许否定他人意见"的规则。

然而，如果发表的意见明显偏离方向或缺乏根据，参会者或许会无意识地表露出否定的态度。

"啊？这是什么话？！"一旦参会者心里存在类似的疑问，就会在脸上表现出来。

即便管理者小心翼翼地营造轻松发言的气氛，可一旦有参会者在脸上露出不以为然的表情，有的下属就会想："早知道就不说了。"

为了避免出现这种状况，管理者可以率先回应**"以前没发现还有这种观点""这种想法也挺有趣的"**，接纳下属的意见。

率先打破"顾虑别人"的气氛

即便如此，有的下属仍然不肯发表意见。因为，除了上司，他们心里还顾虑其他人的反应。

这些下属认为，必须让所有人认同自己。他们对氛围过于敏感，过于在意他人的看法。

这绝非下属的问题，不能用"最近的年轻人做事不积极"之类的话给他们定性。

其实，年轻人新创意较多，也喜欢表达，只不过，他们认为上司说的"可以随意发言"只是场面话。

因此，当下属发表意见时，管理者需要不停地强调：**"头脑风暴需要的就是新奇的创意。"（○）** 主管 A 这么做之后，其他下属也积极地提出了许多创意。

最后，从这些年轻下属的创意中，果然发现了老员工没有想到的改善方法。

管理者需要对提出新奇意见的人表示赞赏，并且保护他们不被他人的否定意见伤害。

只要这么做，下属就会踊跃发言，新的创意也将从中诞生，因为是管理者率先打破了顾虑他人的气氛。

·················· 重 点 ··················

不是"允许"，而是"期待"下属的新奇意见。

35 | 如何培养下一任管理者
培养人才的关键在于将指导权交给下属

根据 HR 总研 2016 年 2 月《关于人事课题的调查》，半数以上的被访者都提到了"培养下一任管理者"这一课题。

身为管理者的你不会永远停留在当前的职位上，总有一天会因为升职等原因进行职务调整。二流的管理者只思考自己任内的事情，而**一流的管理者则会思考"在自己不在时，团队**

怎么仍然能有优秀的表现"。

德鲁克也在《卓有成效的个人管理》[1]中谈道:"今天必须培养明天的管理人才。"

在当今这个时代,管理者必须为明天培养接班的管理者。

培养人才只局限于"交托工作"

我常常听说这样的故事:一旦优秀员工晋升为管理者后,日子就变得苦不堪言。

普通员工和管理者的职责截然不同,因此升职后等于一切从零开始,吃些苦头也在所难免。

所以,若想让一名普通员工升职后顺利转变角色,变成真正的管理者,需要在其成为管理者之前设置"助跑期"。

管理者可以让预备干部以非正式的二把手或管理者的左膀右臂等身份,提前体验管理者的工作。

---

[1] 该书中文版已由机械工业出版社出版。

譬如，与预备干部一起制作经营会议所需的资料，或者一同出席管理会议等，管理者需要请他们帮忙，以便他们学会部分管理工作。这么做的好处是，预备干部能事先熟悉业务，以便升职后平稳过渡，同时还能学会用更高的视角看待工作。

不过，管理者最希望候选人学会的是培养人才。因为，对刚升职的管理者而言，最苦不堪言的就是培养人才。

一般来说，预备干部大多因为在工作岗位上表现优秀，才得以成为下任管理者。因此，他们对下属最多的困惑是："为什么这么简单的工作都做不好？"

事实上，培养人才的关键在于**指导**。

管理者将指导权交给预备干部后，即便觉得对方做得不好，即便自己知道更好的方法，也不能出口指点，而要让对方继续指导。

不少管理者认为，在这种情况下，应当明确告诉对方**"应按照这种方式指导"（×）**，即传授对方指导人的办法。其实这没有什么益处。当然，预备干部的指导方式需要符合公司或部门愿景，其他就应该让其自行发挥。

不先入为主地评判下属，让优秀员工自行思考如何指导人，这是培养人才的关键。

100个人有100种思维方式，行为自然也各自不同。

未来，当优秀员工成为管理者后，需要面对不同类型的下属。

培养人才不像数学一般有清晰的答案。**"怎么指导都随你"（○）**——管理者不必告诉下属指导人的方针，等下属遇到困难时再出手相助即可。

这种"试错"方式，将促使下一任管理者成长起来。

当预备干部晋升为管理者后，这种办法的效果将会显现。

因此为了培养人才,管理者应当积极地让预备干部去"试错"。

·············· **重 点** ··············

要想培养下任管理者,不必告诉他指导人的方针,而是任其自行决断。

第 5 章

36

只要工作效率提高，管理者就不必有顾虑

对『对休假有顾虑』的下属可以这么讲

36 | 对短时工作制的下属，我应该如何安排工作

只要下属生产效率提高，管理者就不必有顾虑

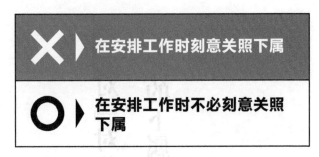

为了及时到幼儿园接孩子，C 在一家大型厂商从事短时工作㊀。C 的工作表现虽然不错，但很容易顾虑全时工作㊁的同事。

管理者想把更多工作交给她，却担心给她

㊀ 短时工作指需要照顾老人或孩子的员工在满足一定条件下可以申请特定的工作时间，原则上一天在 6 小时以内，典型例子是为了接送孩子而迟上班、早下班或弹性上下班等。——译者注
㊁ 全时工作指按照常规工作时间上班。——译者注

安排的工作量与全时工作制人员相同的话，会给她带来负担。于是对她说：**"我有些事想交给你做，你有时间吗？在你不为难的范围之内处理就好。"（×）**其实，C心里也希望自己的职业有所发展。她尽管是短时工作制人员，却也希望上司给自己安排与全时工作制人员相同的工作。

对这些短时工作制人员，管理者应该如何安排工作？

根据公益财团法人日本生产效率协会本部发布的《2016版国际劳动生产效率对比调查报告》，德国一年的假期天数比日本多8天。此外，在每小时劳动生产率方面，德国为65.5美元，日本为42.1美元，约为德国的2/3。另外，2018年世界出口额排行榜显示，德国为世界第三大出口国，仅次于中国、美国，其出口额是排在第4位的日本的两倍多。

这证明了德国的生产效率之高。而且，在德国，员工每年带薪假期为24天，有的企业甚至高达30天。

而另一边，日本综合旅行网 Expedia Japan 在 2018

年进行的"世界19国带薪假期调查"显示，日本的带薪假期消化率连续两年排在末位。而且在德国，带薪假期和病假是分开的，员工生病时无须动用带薪假期。

另外，在法国，多数企业实行一周35小时工作制；瑞典也导入了一天6小时工作制。法国正在提倡3周连休。

从国际上看，日本所谓的短时工作制其实属于标准工作时间，与德国相比也是如此。所以，问题在于日本的生产效率低下。劳动时间长而且生产率低，况且工作时间太长还会导致生产率进一步降低。因此，需要用"休假"的方法提高员工的工作效率。

即使下属是短时工作制人员，也不区别对待

今后，为了提高生产效率，必须逐步推行短时工作制。

即使下属是短时工作制人员，只要生产效率高就不存在问题。只要下属工作表现好，管理者就无须顾虑过多，可以尽情给其安排工作。

对于那些顾虑全时工作制同事目光的短时工作制人员，管理者需要引导他们提高"每小时生产效率"。

由于下属是短时工作制人员，所以想减轻其负担，不将责任较重的工作安排给下属——管理者如此瞻前顾后的话，很容易令下属产生不满。在安排工作时，即使觉得会给下属带来负担，也不妨说**"ＸＸ，你的能力足以胜任这个工作"（〇）**，大大方方地将工作交给下属。

当然，并不是所有短时工作制人员都愿意承担责任，也有一些人希望从事轻松的工作。

为了掌握下属对工作的想法，管理者需要时常与下属交流其未来职业发展的话题。

后来，那位管理者给C安排了原本只交给全时工作制人员的工作。结果，C只用了1小时就完成了别人3小时才能完成的工作。因为她想方设法去掉其中低效率的部分，提高了工作效率，最后在短时间内完成了与全时工作制人员相同的工作量。

接着，管理者将 C 的工作经验分享给其他成员，从某种意义上也刺激了全时工作制人员的积极性，最后带来了整个团队生产效率提升的复利效果。

·········· **重 点** ··········

告诉短时工作制人员，成败在于工作效率。

37

在女下属休产假前，我应该做些什么

当女下属汇报怀孕消息时，不要立刻申明制度

主管 A 接到下属怀孕的报告及生产前后休产假、育儿假的申请。下属需要长期休产假，尤其是她还是优秀下属，团队的战斗力难免降低。那么，管理者应当如何处理这种情况？

据三菱 UFJ 调研咨询株式会社的调查，那些为了支持女性育儿、工作两不误，而提供多于法定假期休假的企业，这么做还有一个重要原因：64.8%的企业认为可以"减少生育期女员工的流失率"，42.1%企业认为可以"趁机重新检视全体员工的工作方式"。

安抚下属的不安情绪

当优秀下属报告自己怀孕时，管理者需要从下属及团队两个维度思考。

对于前来报告的下属，首先应该祝贺对方，但不要立刻说明公司的产假制度。

主管 A 问下属："**让我们一起思考一下你在产假期间的工作以及工作方式。你是不是在担心什么？**"（✕）
主管 A 企图借此与下属谈一谈，如果下属过去与 A 谈过话，会更信任 A。

下属前来报告时，或许她本人也不确定今后应该怎么做。如果管理者突然说明产假制度，或许会给下属一种公事公办的感觉。

因此，管理者需要消除下属的烦恼或担忧，安抚下属的不安情绪。

管理者也无法解决所有问题，但可以给下属一些与工作相关的提示。管理者正面面对下属，也能为其他下属带来安心感。

对于今后的工作，A建议道："今后我们一起思考你的工作及工作方式。如果有任何顾虑，哪怕再小，也请先找我商量。"

在上司看来，或许当务之急是补充人手、调整分工，尽快制定对策，但是，万万不可因为着急而草率做决定。

另外，也不可以建议下属接受短时工作制，因为下属或许有"坚持工作直至不得不休假"的想法。

管理者不能单方面减少下属的工作，更换业务经手人，应尊重下属，先询问下属的想法和意见。

在这个时候，有一点十分重要，就是与下属谈话时不能只讨论与休假期间有关的话题。

下属在产假过后是否愿意继续工作，这仍是个未知数。

或许下属在产假后有辞职的打算,即便如此,下属也可能在产假结束后回心转意,回来上班。

因此,管理者需要聆听下属对产假后的想法,引导下属说出心里话。

管理者不必一次就决定所有问题,而是保持与下属的沟通,逐渐做出决定。

在这个基础上,为了团队,管理者可以告诉下属:"**如果你对休假回来后的工作感到不安,也可以对我讲一讲。**"(〇)将业务信息分享给下属,重新审视工作安排。要想在减少一人的情况下仍然保持团队的良好运转,就需要像前面的调查中提到的那样,将下属休产假视作"重新检视全体员工工作方式"的机会。

管理者只要安抚下属的不安情绪,就能把握业务情况,有时甚至能重新调整整个团队的业务。

·························· 重 点 ··························

与下属交谈,包括对方未来职业发展的话题。

38 在男下属休产假前，我应该做些什么

当男下属申请休产假时，应先询问对方担心的事

最近双职工家庭越来越多。男性参与做家务、带孩子的意识增强，不单只是女性，越来越多的男性也开始利用产假制度。厚生劳动省㊀曾经提出了"在2020年内男性休产假比例达到13%"的目标。

确实，休产假是国家法定制度，男性也应

㊀ 日本负责医疗卫生和社会保障的主管部门。——译者注

该享有安心休产假的环境。但是,"男子生来主外""君子远离庖厨",在这样的观念下,一些管理者对男下属申请休产假大皱眉头。

因此,男性员工想申请休产假比女性困难。

即使想依照制度请假,但一想到自己休假的话,或许会给别人添加工作负担,有的男下属就会"害怕休假"而犹豫不决。

而更令人担忧的是一旦某位下属休假了,团队是否还能正常运转。因此,管理者平时需要在团队中营造"一旦有人休假,其他人迅速补位"的氛围。

一个人休假,必定会给其他人增添负担。大多数组织少一两个人,不会因此而补充人手。

因此男下属自然非常纠结,觉得"大家的工作量都越来越大,我怎么能休产假"。

同时,有的企业也存在对休假后回来上班的男下属进行不合理的降薪、调岗等现象。即使没有这种现象,男下属担心"休假可能带来不良影响"也不足为奇。

在培训时，我也曾听一些管理者说，对于那些短时工作制的男下属，"因为不清楚他们什么时候会请假，所以不敢把工作交给他们"。

在男性职员请产假比例较低的组织当中有时会出现"职权骚扰"，故意为难休产假或希望选择短时工作制的男性员工。

2019年1月，虽然日本规定"讲述职权骚扰预防措施"是企业家的义务，但其推广、普及或许还需时间。另外，在管理者看不见的角落，其他前辈或部门负责人或许会对这些男下属有歧视性行为。

减轻男下属的担忧

在申请休产假的男下属看来，需要担心的事还有很多。

主管B所在的公司虽然有针对男性的产假制度，却只是形同虚设。以前，在其他分公司，主管A虽然承认<u>"时代不一样了""夫妇协作很重要"</u>（X），但对申请休产假的男下属却缺乏体谅的态度。

结果申请休产假的男下属说"还是算了",撤回了申请。打那以后,男下属就更不敢请假了。

不过,这次主管 B 很自然地接受了男下属的申请,并问**"有没有什么挂心的事,我会尽力帮助你的"(〇)**,将关注点放在男下属请假时隐藏的情绪上,如内心的纠结、苦恼或不安等。

担心、不安的情绪或许很难完全消除。尽管如此,管理者如果能尽量减轻男下属的担忧,就能与男下属建立起信赖关系,男下属也能安心地申请休产假。

·············· 重 点 ··············

管理者不应只是批准男下属的产假申请,还应询问对方心中的担忧。

39 | 在下属休长假前，我应该做些什么

休假是梳理工作的良机，应当将下属休假视为改善业务的机会

 批准下属的休假

 将休假视作改善业务的良机

下属提出连休一星期带薪假期的申请。

假如管理者认为"哪有这么多闲工夫休这么长的假"，那么他就是一名不合格的管理者。

主管 A 认为**"让下属调整一下心情也好，而且休带薪假期是下属的权利"**（ⅹ），于是批准了下属的休假申请。

而主管 B 在下属 C 提出休带薪假期申请时说：**"好的，为了能好好享受休假，请你想一下怎么改善业务。"（〇）**

倘若平白无故地问下属"现在你在做什么工作，花了多少时间"，下属会觉得是在被责问。

然而，用"为了能好好享受假期，请你思考一下怎么改善业务"的说法，下属就会抱有积极的心态。

清除冗余的业务

每当下属提出休假，就是改善业务的良机。请不要错过这样的机会，而要充分利用。

在休假前，大多数人都会梳理一下工作。尤其勤快的日本人，必定会做好交接工作。

在本案例中，下属在休假前需要将负责的工作交接给别人。我建议管理者在与下属逐一确认工作的过程中，只要发现不必要的工作，就立刻去掉；发现有更高效的工作方法，就尝试一下。

因为事关交接，不但会谈到业务细节，而且由于给别人增添了工作负担，下属也不得不放弃那些因为本位主义而产生的工作。对他而言，只有接受别人的改善建议的份儿。

大多数没有做好本职工作的下属，很可能将时间花在了一些无谓的工作上。只要别人不指出，他们对自己的时间管理偏好或思维偏差毫无察觉。

正因为"不务正业"，结果腾不出手来做上司期望的工作。

下属自以为正在做的工作很重要，但在管理者看来，其实大多是一些"鸡肋"。

管理者站的高度不同，而且具备经验和知识，因此能发现这些不必要的工作。

主管B在交接工作时，与下属C一起审视其工作中哪些是无用的。结果，C发现自己一直在使用无效的工作方式，或做着不必要的工作，于是主动提出改进。

过去C一直不肯改变自己的想法，借这次休假机会，他接受了别人的意见，改变了自己的工作方式，工作效率变得更高了。

　　为了让下属充充电,休长假是必要的,但是,管理者尽量不要批准就了事了,而要巧妙利用交接业务的机会,整理出不必要的工作,引导下属加以改进。

·········· **重　点** ··········

　　在批准下属休长假时,与其一起思考改善业务的方法并加以执行。

结束语

感谢各位读者阅读完本书。

本书罗列的条目是我在与3万多名各行各业管理者接触的过程中，从他们谈及的问题及烦恼中选出较具普遍性的内容提炼而成的。我想，这些内容应该也是各位读者经常遇到的问题。

解决措施也经过了实践验证。

你只要去践行，下属就一定会发生变化。

如果你认为其中的某些条目"可行"，请务必付诸行动。

只是，有一点需要注意，那就是不要贪多，一次践行多条。

先聚焦于一条实践，等这一条见效后，再尝试下一条。不过，不论你多用心，有的下属立刻会产生变化，有的则迟迟不变。

即使下属不改变,你也不要灰心,只要真心相对,下属一定会发生改变。

即使没有"1公里的成长",也会有"1毫米的进步"。

人们大多不在意细微的进步,然而,蓦然回首,才发现这些微不足道的进步已经带来了巨大的变化。只要下属成长了,作为管理者的你就会成长。

尽管管理者一边忙于工作,一边还需要培养下属,但请积极看待培养下属这件事。腾出时间与下属相处,未来必将获得巨大的回报。

我有一个梦想,那就是帮助管理者成为积极开朗、活力充沛的人。

积极进取的管理者必定能为下属带来活力,为社会带来光明。

我期待阅读本书的诸位能使社会变得更积极、光明。

我在撰写本书的过程中得到了多方人士的支持,尤其是钻石社的武井康一郎先生，在此表示由衷的感谢。

从策划到校对，武井先生用了大量时间，给了我不计其数的建议。

从他完全站在读者立场思考的态度，我真的学到了许多。最令人难忘的是，他起早贪黑、紧锣密鼓地工作，从读者的视角对我的书稿进行反馈。

我还要衷心感谢那些参加我的培训、咨询及演讲，并且解决了许多问题的管理者。

得益于他们的行动，我才能提炼出培养下属的精华，让更多管理者受益。如果没有他们，就不会有本书的诞生。

另外，在撰写本书的过程中，我还收到了读者的关心："吉田先生的下一本书什么时候面世？""期待您的下一部作品。"这些真的给了我巨大的鼓舞。

期望有一天，我能有机会与尚未谋面的读者见面。

吉田幸弘
2020 年 6 月

作者简介

吉田幸弘

Refresh Communication 法人代表，沟通设计师、人才培养顾问、高管教练。

生于 1970 年，毕业于成城大学，之后在大型旅行社、知名学校就职，后转入外资企业。因为与身边的成员缺乏良好沟通，曾经被公司降职。在即将被解雇时，他在朋友的介绍下学习了"谈判术"，销售业绩发生了巨大的变化，5 个月连续取得销售业绩第一，再次被提拔为管理者。之后，他领导的部门离职率只有其他部门的 1/10，销售额增长率保持在 20%，个人在企业中连续 3 年被评为 MVP。后来在公司外部他也以咨询师和企业教练的身份大显身手。2011 年独立创业，成立公司。

他现在从事面向经营者、中层管理干部的人才培养、团队建设、销售改进等咨询业务，在全日本的企业、工商会所、法人协会等一年举办 130 多场讲座和学习班。因为讲课内容简单易懂、实用性强、容易落地而广受好评。他的宗旨是"只要自己改变,别人就会改变"。

他的著作有《不懂说话,你怎么带团队》《带人要同频,管人要共情》《先学说话,再带团队》《工作这么干,团队这样带》等。

参考文献

- 『感情を整えるアドラーの教え』岩井俊憲著、大和書房
- 『星野リゾートの事件簿』中沢康彦著、日経トップリーダー編、日経BP社
- 『「先延ばし」にしない技術』イ・ミンギュ著、吉川南訳、サンマーク出版
- 『Finish! 必ず最後までやり切る人になる最強の方法』ジョン・エイカフ著、花塚恵訳、ダイヤモンド社
- 『マンガでやさしくわかるアンガーマネジメント』戸田久実著、葛城かえでシナリオ制作、柾朱鷺作画、日本能率協会マネジメントセンター
- 『サーバントリーダーシップ』ロバート・K・グリーンリーフ著、金井壽宏監訳、金井真弓訳、英治出版
- 『40代からの勉強法＆記憶術』碓井孝介著、PHP研究所
- 『改訂版　アサーション・トレーニング』平木典子著、日本・精神技術研究所
- 『やり抜く人の９つの習慣』ハイディ・グラント・ハルバーソン著、林田レジリ浩文訳、ディスカヴァー・トゥエンティワン